KB268559

신앙의 사춘기를 지나는 청소년에게

교리 말고 문학

신앙의 사춘기를 지나는 청소년에게

교리 말고 문학

신앙의 사춘기를 지나는 청소년에게

교리 말고 문학

초판 1쇄 발행 2026년 2월 12일

지은이   최혜정

펴낸이   강기원
펴낸곳   도서출판 이비컴

편 집   최에스더
마케팅   박선왜

주 소   서울시 동대문구 고산자로34길 70, 431호
전 화   02-2254-0658 팩 스 02-2254-0634
등록번호 제6-0596호(2002.4.9)
전자우편 bookbee@naver.com
I S B N   978-89-6245-244-0 (03230)

신앙의 사춘기를 지나는 청소년에게

교리 말고 문학

최혜정 지음

문학이 알려주는 '갓생' 가이드

차 례

4장 영성 키우기

〈일러두기〉————————————————————————

1. 이 책에서 인용한 성경 구절은 개역개정판 성경을 사용했습니다.

2. 교회 학생회, 청년회나 소그룹 등에서 한 챕터씩 함께 읽고 나누어 보세요.

   교리가 부담스러울 땐, 문학으로도 복음을 쉽게 나누고 전할 수 있습니다.

3. 한 챕터가 끝나면 〈문학이 건네는 질문〉, 〈함께 읽으면 좋은 책〉,

   〈생각하는 질문 만들기〉로 이야기를 더 깊고 풍성하게 누릴 수 있습니다.

4. 책은 『　』, 또는 《　》, 영화와 작품, 기사 등은 ＜　＞로 표시하였습니다.

하나님의 자녀로 살아가기

"교회 다닌다고 말하기가 부끄러워요."

　세상이 어둡고 어지러울 때 빛과 소금의 역할을 하는 것이 하나님을 믿는 우리의 소명이라고 믿어왔습니다. 그런데 요즘은 하나님의 자녀라고 당당히 말하기가 쉽지 않습니다. 세상 사람들 보기에도 부끄러운 짓을 하는 크리스천들이 입에 오르내리고, 언론에도 자주 노출되니까요. 나 역시 하나님 보시기에 부끄러운 삶을 살고 있지 않나 돌아보게 됩니다. 물론 세상에는 숨은 의인이나 참다운 예수님의 제자 같은 분들도 많이 있습니다. 그렇지만 그런 분들보다 욕먹는 크리스천이 많이 드러나 보이니 교회 다닌다고 하기에도, 교회 오라고 전도하기에도 쉽지 않은 것이 사실입니다. 학교 급식 시간에 기도하기 힘들다는 친구들이 많더라구요. 욕 먹는 크리스천들 때문에 친구초청잔치 오라고, 수련회 오라고, 친구들을 부르기도 난감하다는 말을 들었습니다.

어떻게 해야 할까요? 우리가 믿는 하나님을 어떻게 보여주어야 할까요? 그보다 우리 자신도 우리가 믿는 하나님에 관해 잘 알고 있을까요?

이런 고민 앞에 서며 다시 펜을 잡았습니다. 2018년 『문답예수』(이비락 출간)를 준비하며, 얼마나 설레었는지 모릅니다. 청소년 친구들에게 내가 평생 배우고 즐겨온 문학 이야기로 기독교적 삶의 원리를 이야기하게 되어 행복했습니다. 그러나 '내가 해도 될까? 목회자도 아닌데?', '내가 해도 될까? 아는 게 뭐 있다고?' 하는 마음도 있었습니다. 하지만 용기를 냈었고, 작은 소리나마 친구들에게 하나님을 알려줄 수 있다는 기쁨으로 부끄러운 마음을 접고 행복한 마음을 회복할 수 있었습니다.

그런데 또 제가 용기를 내고 있네요. 간절한 마음으로 여러분 앞에 다시 섰습니다. 하나님과 함께 걷는 길에서 제가 느꼈던 것, 보았던 것, 깨달았던 것들을 여러분과 나누려 합니다. 여러분의 삶에도 동일한 은혜가 펼쳐지길 기도합니다. 제가 뿌려놓은 이야기들이 결실을 맺어 여러분의 마음에 하나님의 사랑이 담겨지고, 여러분의 생각에 하나님의 뜻이 뿌리내리고, 여러분의 삶에 하나님의 역사가 펼쳐지길 기도합니다.

『교리 말고 문학』은 이전 책 『문답예수』의 확장판입니다. 『문답예수』가 하나님의 세계와 예수 그리스도의 구원이라는 기독교 기본 교리를 알아가는 데 초점이 맞추어져 있었다면, 『교리 말고 문학』은 나라는 존재에 관해 인식하고, 그리스도의 제자로 살아가는 방법에 관해 고민하고 있습니다. 어려운 교리가 아닌 문학을 통해 기독교적 세계관을 배우고 세상을 바라볼 수 있도록 안내하였습니다.

1장 '나는 누구일까?'에서는 인간이 어떤 존재인지에 관해 이야기 나눕니다. 하나님께서 만드신 우리 인간이 어떤 존재인지 돌아보는 일은 중요합니다. 핸드폰도 어떤 기능을 가졌는지 모르고 사용하면 충분히 활용할 수 없듯, 인간이란 존재가 어떤 가능성과 어떤 한계를 가졌는지 모른다면 나의 가능성을 허투루 쓰게 되니까요.

2장 '감정 다루기'에서는 우리 안에서 우리의 행동을 간섭하는 감정 중에 부정적 감정들을 어떻게 다루어야 할지 살펴봅니다. 더 나은 내일을 위한 오늘의 성찰입니다.

3장 '덕목 쌓기'는 하나님의 자녀로 살아가며 갖추어야 할 덕목을 살펴봅니다. 이 덕목들은 사실 우리가 살아가는 공동체 어디서나 필요한 덕목이기도 합니다. 차곡차곡 쌓아가다 보면 어느새 하나님의 사람으로 훌쩍 성장해 있을 중요한 가치들입니다.

4장 '영성 키우기'는 평생 키워가야 할 크리스천의 마음 자세에 관해 이야기합니다. 예수님을 닮아가는 길을 걷는 것이 선택받은 자 우리들, 하나님을 아버지라 부를 수 있는 특권을 가진 자들의 길이니까요.

저 역시 이 글을 쓰며 여태껏 걸어온 삶의 순간들을 돌아보지 않을 수 없었습니다. 완벽할 수 없는 우리는 날마다 숙명처럼, 새롭게 되길 기도하는 삶을 살아야 하니까요.

"새 사람을 입었으니 이는 자기를 창조하신 이의 형상을 따라 지식에까지 새롭게 하심을 입은 자니라."
(골로새서 3장 10절)

늘 새로워지는 여러분의 시간 속에서 『문답예수』와
『교리 말고 문학』이 작은 도움이 되었으면 좋겠습니다.
사랑합니다.

2026년 새로운 봄을 맞이하며
청소년을 사랑하는 교회 쌤 최혜정

1장

나는 누구일까?

The Mirror Within

나의
진짜 모습은?

『프랑켄슈타인』 메리 셸리 글, 김선형 옮김, 문학동네

#나는누구일까 #인간 #인간의본성 #존재인식

　인간에 관한 이야기를 시작하며 재미있는 시도를 해보았습니다. 빅스비를 불러보았어요. "하이 빅스비! 인간은 어떤 존재야?"라고 물었더니 "사람들은 이럴 때 머리를 긁적이죠."라고 대답하더군요. 다시 한번 물어도 "멋진 답변이 생각나지 않네요."라고 하더라고요. 구글도 불러보았습니다. 곤란한 질문을 할 때면 늘 하던 대답을 합니다. "웹에서 찾은 내용입니다."라며 그다지 관련도 없는 검색 내용들을 주르르 보여주었어요. 꽤 쓸만한 대답들을 내놓기도 하는 '챗지피티(ChatGPT)'에게도 물어보았습니다.

　"인간은 동물 계통의 한 종으로 지구상에서 가장 발달한 생물 중 하나입니다. 두 발로 서서 걷는 포유류이며 큰 뇌와 높은 지능으로 언어를 사용하며 도구를 만들고 사용할 수 있습니다. 인간은 사회적 동물로서 다른 인간들과 협력하고 사회구조를 형성하며 문화를 발전시키고 성장해 왔습니다."라고 대답하더군요. 꽤 상세한

답변이었지만 썩 마음에 들진 않았습니다. 겉으로 드러나는 인간의 모습만을 표현한 답이었으니까요. 다음으로 기독교적 세계관을 기반으로 만들어진 인공지능 AI '초원'에게 물어보았습니다. 대답이 참 인상적이었어요.

"인간은 신이 창조한 독특하고 특별한 존재입니다. 성경에 따르면 인간은 하나님의 형상대로 만들어졌고 그분으로부터 숨결을 받았습니다. 인간은 육체적인 존재일 뿐 아니라 영적인 측면도 가지고 있습니다. 인간은 생각하고 추론하고 선택할 수 있는 능력을 가지고 있으며, 이것은 다른 피조물과 구별되는 특징입니다."

인간은 어떤 존재인가?

'인간은 어떤 존재인가?'에 관한 물음은 인류 역사가 계속되는 내내 이어져 왔습니다. 철학자들이 이 물음에 끊임없이 답해왔고, 문학이 그 답을 찾으려고 수많은 고민을 해왔지요. 모든 문학작품은 인간 탐구의 결과물입니다. 삶의 부조리와 인간의 내면을 살피는 철학적인 작품뿐 아니라, 단순히 즐거움을 추구하는 이야기마저도 '호모 루덴스'(유희하는 인간)의 목적을 추구하고 있으니까요.

　메리 셸리의 『프랑켄슈타인』을 살펴보려고 합니다. 인간이 인간을 창조한다는 설정 아래, 창조된 인간의 처절한 삶과 고민, 창조자 인간의 고뇌를 들여다보면 '인간은 어떤 존재인가?'라는 질문에 닿을 수 있습니다. 그래서 1818년에 출간된 작품이지만 현대를 사는 우리에게도 여전히 유효한 메시지를 줍니다.

　작품의 부제는 '근대의 프로메테우스(The Modern Prometheus)'입니다. 프로메테우스는 그리스 신화에 나오는 인간을 창조한 신이니 생명을 창조한 프랑켄슈타인 박사 이야기에 붙인 부제로 적절해 보이네요. 평론가들은 이 작품의 의미가 근대 과학의 무분별한 실험 정신에 대한 경고라고도 하고, 작품이 만들어진 당시 논란이었던 노예 해방과 흑인의 존재에 대한 고민이라고도 합니다. 어찌 되었든 이름조차 없는 이 괴물을 통해 보여주는 것은 인간의 본성입니다. 그 본성을 따라가 봅시다.

인간의 본성

주인공 빅토르 프랑켄슈타인은 대학에 들어간 이후
줄곧 생명의 원리가 어디에 있는지, 그 원리를 찾아내기
위해 연구를 계속합니다. 그러다 결국 잘못된 욕망을 제
어하지 못하고 시체를 가져다 생명을 창조하게 되지요.
그런데 그가 창조한 생명은 키 2.5미터에 끔찍한 외모
를 가진 괴물과 같은 모습을 하고 있었습니다. 프랑켄슈
타인은 자신이 만든 피조물을 보고 보람을 느끼기는커
녕, 그야말로 '현타'가 옵니다. 너무 무서워 달아나게 되
지요. 창조된 괴물보다 빅터의 무책임이 더 소름 끼치는
장면입니다. 세상에 버려진 갓난아이와 같은 존재였던
괴물은 실험실을 떠나 스스로 세상을 배워갑니다. 아무
도 알려주지 않는 자신의 정체성을 스스로 찾아갑니다.

이 지점이 바로 우리의 질문, 인간은 어떤 존재인가에
대한 첫 번째 대답입니다. 인간은 끝없이 자신을 탐구하
는 존재입니다. 왜 그럴까요? 그것은 창조 당시의 본성
을 잃어버렸기 때문이지요. 즉, 창조자와의 관계가 끊어
졌기 때문입니다. 프랑켄슈타인과 괴물의 관계처럼요.
지금 우리는 우리를 만든 하나님과 대면해서 우리의 존

재 가치를 물어볼 수가 없습니다. 하나님이 창조하셨던 완벽한 그곳, 하나님과 대면할 수 있었던 그곳, 에덴동산에서 쫓겨난 존재니까요.

괴물은 홀로 세상을 헤매며 인간에 대해 알아갑니다. 사람들이 살아가는 모습을 보며 자신도 함께 어울려 사랑을 주고받길 원합니다. 하지만 사람들은 그의 외모를 보고 기절하거나 무기를 들고 달려들기만 하지요. 괴물은 자신이 사람들 앞에 나타나선 안 되는 존재임을 깨닫습니다. 그리고 외로움과 공포, 분노, 슬픔 등 인간이 갖는 여러 부정적 감정들을 배우게 됩니다. 단란한 농부 가정을 숨어서 보며 가족의 소중함과 같은 아름다운 감정도 알게 됩니다. 자신도 어울려 살기를 소망하며 그 가족을 몰래 돕기도 하지요. 언어를 배우고 책도 읽으며 인간을 이해하게 됩니다.

하지만 소용 없었어요. 괴물의 모습을 본 사람들은 괴물을 멸시하고 공격했거든요. 인간다운 삶을 살기를 원했던 괴물에겐 분노와 복수의 감정만 남게 됩니다. 괴물의 이런 모습 속에 인간에 관한 두 번째 대답이 있네요. 인간은 이성과 감정을 모두 가진 존재입니다. 배우고 느끼는 존재지요. 인류가 만들어 낸 모든 문화는 인간이 가진 이성과 감정 덕분입니다. 어느 한쪽으로 치우치지 않고, 적당한 선을 유지할 수 있다면 매우 바람직한 인간이 되겠지만, 쉽지 않습니다.

다시 책으로 돌아가 볼게요. 자신을 다른 사람들과 어울릴 수 없는 존재로 만들었다는 것에 화가 난 괴물은 창조자를 찾아내 따지려고 합니다. 그 과정에서 분노를 주체하지 못하고 프랑켄슈타인의 동생을 살해하게 되지요. 분노의 화신이 되어 버린 그는 진짜 괴물이 되어갑니다. 어린아이와 같이 순수하게 세상을 배워가던 존재가 왜 이렇게 된 것일까요? 작가 메리 셸리는 괴물의 폭주를 통해 인간의 내면에 존재하는 악한 본성에 관해 이야기합니다.

중학교 도덕 시간이나 고등학교 윤리 시간에 배우는 중국의 고대 철학자 맹자와 순자의 이야기를 떠올려 볼까요? 맹자의 사상에 따르면 인간은 의지에 의해 '덕'을 높일 수 있는 '선함'을 천부적으로 갖추고 있다고 합니다. 불쌍히 여기는 마음(측은지심), 부끄러워할 줄 아는 마음(수오지심), 사양하는 마음(사양지심), 옳고 그름을 아는 마음(시비지심)이 없으면 사람이 아니라고 했어요. 그래서 그의 사상을 인간의 성품은 원래 선한 것이라 생각하는 '성선설'이라고 합니다. 반면에 순자의 사상은 '성악설'이라 불립니다. 인간의 성품은 원래 악하기 때문에 노력으로 선을 이루어야 한다고 이야기합니다.

단순하게 보면 기독교 사상이 순자의 성악설과 가깝다고 느껴집니다. 아담과 하와가 불순종의 원죄를 우리에게 물려주었다고 배웠으니까요. 하지만 기독교에서는 창조 당시 인간이 하나님의 성품을 가지고 있었다고도 합니다. 그렇기에 기독교 사상을 바탕으로 한 서양 문화에서는 인간의 성품에 선과 악이 대치하며 공존하고 있다고 생각합니다. 창조 시 원래 부여받았던 하나님을 닮은 성품 '선', 인간이 기어이 끌어들인 어둠의 성품 '악', 우리에겐 이 두 가지 성품이 공존합니다. 괴물의 모습도 이와 같았습니다. 처음엔 선했지만, 나중엔 악해지지요. 그러니까 괴물을 통해 발견할 수 있는 인간의 세 번째 본성은 인간이 선과 악을 모두 가진 존재라는 것입니다. 성경에는 우리 내면에 자리한 선과 악을 대조한 성경 구절이 참 많습니다. 그중 바울이 쓴 로마서를 보면 이런 구절이 나옵니다.

바울의 깨달음은 악한 본성을 다스려야 하는 자기 자신과 우리 모두를 향한 경고인 것 같습니다.

박사를 다시 만난 괴물은 자신의 짝을 만들어 주길 요구합니다. 아무도 자신과 함께하겠다고 하지 않으니, 자신과 함께할 여자 괴물을 만들어 주면 둘이 아무도 모르는 곳으로 떠나겠다고 하지요. 여기서 인간의 네 번째 본성이 드러나네요. 인간은 혼자 살 수 없는 존재입니다. 하나님이 함께 살아가라고 아담의 갈비뼈에서 하와를 만드셨지요. 모든 생명체가 짝이 있듯 인간 역시 짝을 필요로 하는 존재입니다. 프랑켄슈타인은 고민 끝에 여자를 만들기 시작합니다. 하지만 도중에 이 창조물을 찢어버리고 말지요. 다시 이 세상에 괴물을 탄생시킬 수 없었으니까요. 괴물은 약속을 어긴 대가로 프랑켄슈타인의 약혼녀를 죽이고 달아납니다. 더 이상의 희생을 용납할 수 없었던 박사는 자신의 실수를 자신의 손으로 정리해야 한다는 심정으로 괴물의 뒤를 쫓습니다. 결국 그는 괴물과 만나게 되지만 북극의 추위와 굶주림에 지쳐 죽게 됩니다.

괴물은 창조자의 죽음만을 확인한 채 스스로 몸을 불태우겠다는 말을 남기고 쓸쓸히 사라집니다. 생명을 창조하려 했던 과학자의 원대한 꿈은 결국 이렇게 허무하고 비참하게 끝을 맺습니다.

존재 인식

프랑켄슈타인은 무책임한 창조자였습니다. 피조물을 내팽개쳤지요. 그래서 괴물은 창조자로부터 아무것도 배울 수 없었어요. 다만 스스로 배우며 지독한 외로움과 싸워야 했습니다. 우리의 창조주는 어떤가요? 그 어떤 순간에도 우리를 놓지 않으셨습니다. 심지어 죄악에 물든 인간을 구원하기 위해 철저하게 계획을 세우십니다. 하나님은 하와를 유혹한 뱀에게 말씀하십니다.

"내가 너로 여자와 원수가 되게 하고 네 후손도 여자의
후손과 원수가 되게 하리니 여자의 후손은 네 머리를 상하게
할 것이오, 너는 그의 발꿈치를 상하게 할 것이니라 하시고"
(창세기 3장 15절)

그러니까 우리의 구원자 예수님은 사탄의 머리를 깨
부술 것이며, 사탄은 기껏해야 예수님의 발꿈치 정도 상
하게 할 것이라는 예언입니다. 예수님의 죽음은 부활로
역전되고, 인간의 구원이 완성됩니다. 우리 하나님은 이
멋진 계획을 에덴동산에서부터 세우셨네요.

자신의 어리석음을 뼈저리게 후회했을 프랑켄슈타인
박사가 만약 우리에게 인간에 관해 이야기한다면 무엇
이라고 말할까요? 결코 인간은 완전한 지혜를 가질 수
없으며 어리석은 욕심에 눈 어두워 어이없는 일을 저지
를 수 있는 존재라고 말할 것 같습니다. 그러니까 창조
당시 우리의 태어남은 완벽했으나, 주어진 선택과 의지
를 잘못 쓰는 바람에 우리는 불완전한 존재가 되어버린
것입니다.

Q 작가는 왜 프랑켄슈타인 박사가 만든 괴물에게 끝까지 이름을 지어 주지 않았을까요? 이름의 의미가 무엇인지 생각해 보고, 괴물과 연결해서 이야기 나눠 보세요.

Q 프랑켄슈타인 박사와 괴물은 창조자와 피조물의 관계이지만 자세히 살펴보면 닮은 점이 있습니다. 어떤 닮은 점이 있는지 또 어떤 차이가 있는지 생각해 보세요.

Q 괴물은 점점 더 이성적인 인간과는 멀어지며 포악해집니다. 괴물의 입장이 되어 자신이 그렇게 될 수밖에 없었던 이유를 변론해 보세요.

Q 다음의 발췌 글은 괴물이 박사에게 자신과 닮은 괴물을 만들어달라고 요구하는 말입니다. 박사는 그의 요구를 들어주려 했으나 도중에 약속을 어기고 맙니다. 박사의 결정을 어떻게 생각하나요?

> "내 부탁은 합리적이고 결코 지나치지 않다. 나처럼 추악한 모습을 한 이성 피조물을 요구하겠다. 만족감은 적겠지만 그 이상은 절대 얻을 수 없다면 만족하겠다. 물론 우리는 세상과 단절된 괴물들로서 살아가리라. 그러나 바로 그렇기에 우리는 서로를 더 깊이 아끼고 사랑하리라." (195쪽)

Q 만약 과학의 발달로 인간 복제가 가능한 세상이 온다면 죽음을 앞두고 자신을 복제하고 싶은가요? 그렇지 않은가요? 또 인간 복제를 기독교적 윤리에 비추어 토론해 보세요.

Q 인간과 매우 흡사한 AI의 개발이 현실이 되어가고 있습니다. 많은 문학작품과 영화들이 AI와 함께 살아가는 미래를 그리고 있는데요, 절망적인 미래를 그려 인공지능 개발에 대해 경고하고 있기도 합니다. 인간의 평화로운 미래를 위해 인공지능 로봇 개발의 기준을 만든다면 어떤 기준이 있어야 할까요?

『손도끼』, 게리 폴슨, 사계절

비행기 추락으로 캐나다 북부 삼림지대에 홀로 내던져진 한 소년의 54일간의 생존기입니다.

부모의 이혼으로 혼란스러워하던 브라이언은 어느 날, 단발비행기를 타고 아버지를 만나러 갑니다. 하지만 불행하게도 비행기 조종사의 갑작스러운 심장마비로 삼림 속에 불시착하게 됩니다.

브라이언은 가방에 있던 손도끼 하나에 의지해 거친 자연과 야생동물 속에서 생존 투쟁을 하며 차츰 자신이 가진 능력을 이해하고 인간으로 홀로 서는 방법을 익히게 됩니다.

생각하는 실분 만들기

브라이언이 산림에서 당했던 사건들을 따라가며 살펴보세요. 브라이언이 비행기의 생존 가방을 손에 넣고 낯설어했던 감정들을 이해할 수 있게 된답니다. 브라이언의 행동들에 '왜'라고 질문하고 답하다 보면 인간이 어떤 존재인지 이해하게 됩니다.

불완전하지만
괜찮아

『페스트』 알베르 카뮈, 민음사

#불완전함 #연대 #인정 #하나님의형상

불완전하지만
괜찮아

『페스트』 알베르 카뮈, 민음사

#불완전함 #연대 #인정 #하나님의형상

《강철부대》라는 프로그램을 본 적이 있나요? 최정예 특수부대 출신 예비역들이 팀을 이뤄 각 부대의 명예를 걸고 경쟁하는 밀리터리 서바이벌입니다. 원래 이런 류의 예능을 별로 좋아하진 않지만, 프로그램에 등장하는 사람들이 굉장하다는 건 인정할 수밖에 없더라구요. 누군가 출연을 강제하거나 협박하지도 않았을 텐데, 굳이 육체의 한계에 도전하는 모습들이 놀라웠습니다. 엄청 무거운 것을 끈다거나 미친 듯이 달린다거나 진흙탕을 헤쳐나오는 등, 보통 사람의 의지로는 할 수 없는 일을 필사의 노오오오력으로 해내고 있었습니다. '대학 체전' 이란 프로그램도 있었습니다. 국내 유명 대학의 운동부 학생이나 체대 학생들이 학교를 대표해서 팀을 이루어 경쟁을 벌이는 프로그램이었는데, 이 역시 거대한 샌드백을 끌고, 육탄 줄다리기를 하고, 컨테이너를 끄는 등 엄청난 미션을 수행하기 위해 죽을힘을 다하더라구요.

대체 왜 이러는 걸까요? 에베레스트를 오르고, 철인 3종 경기를 하고, 세계적으로 유명한 지옥의 마라톤에 도전하기도 하고요. 인간은 분명 육체적 한계가 있는 존재인데, 왜 자꾸 그 한계를 넘으려고 할까요? 연약함이 주는 패배감에서 벗어나려는 것일까요? 한계를 극복하는 쾌감 때문일까요?

불완전함 극복하기, 연대

프랑스 작가 알베르 까뮈는 『페스트』라는 작품을 통해 인간이 가진 필연적 '한계'에 관해 이야기했습니다. 1947년에 출간된 이 작품은 유럽 전역을 강타했던 중세 '흑사병'을 소재로 하고 있습니다. 페스트는 급성 열성 전염병으로 혈관 내 피가 응고되어 부패하고, 신체 말단이 괴사하면서, 실제로 피부와 근육이 검은색으로 변하여 죽어가기 때문에 흑사병이라 불렸습니다. 세계 역사상 사망자가 전무후무할 정도로 엄청났으며 유럽 인구의 1/3에서 절반에 이르는 사람이 사망했다고 알려져 있습니다.

까뮈는 알제리의 해변 도시 오랑이 흑사병으로 봉쇄되며 벌어지는 혼란을 작품 속에 그렸습니다. 다양한 인물들을 등장시켜 그들의 행동 방식을 통해 인간 내면에 존재하는 신념과 의지의 다양성을 보여주었습니다.

수천 마리의 죽은 쥐가 득실거리는 오랑시에서 사람들이 손 쓸 틈 없이 죽어갑니다. 죽은 쥐에서 전염되는 흑사병 때문에 거대한 죽음의 도가니가 되어 버린 곳에서 시민들은 각자의 방법으로 비극을 극복하려 합니다. 신문기자 '랑베르'는 오랑시 사람이 아닙니다. 졸지에 이곳에 갇혀, 애인이 기다리는 파리로 돌아가기 위해 필사의 노력을 계속하지요. 오랑시의 의사 '리유'는 전력을 다해 페스트와 싸웁니다. 그가 사람들을 구하기 위해 매달리는 것은 오직 의학입니다. '파늘루' 신부는 이 비극이 신의 형벌이며 회개만이 살길이라고 힘주어 설교합니다. 페스트와의 낯선 만남에 사람들은 이렇게 각자의 입장만을 고수하며 힘겨운 나날들을 보냅니다.

그러나 상황이 점점 더 나빠지자, 의사 리유를 중심으로 페스트를 극복하기 위한 헌신적인 노력들이 시작됩니다. 이 '연대'와 '헌신'이 이 소설이 보여주고자 한 정신입니다. 인간은 불완전한 존재이지만 숭고할 수 있는 이유가 여기에 있다고 말하고 있지요.

오직 탈출이 목표였던 랑베르도 탈출을 포기하고 리유를 돕습니다. 신부님도 리유를 돕지요. 환자들을 돕다가 결국 랑베르도 파늘루 신부도 죽음을 피하지 못하게 되지만, 그들이 있었기에 인간의 연약함, 인간의 불완전함 마저 빛났습니다.

어떤 이는 이 작품 속 페스트가 프랑스를 전쟁으로 휩쓸어 넣은 나치스의 침략을 상징하고 있다고 합니다. 그러니 페스트의 소멸은 파리의 해방을 뜻한다고 해석하지요. 또 어떤 이는 언제든 갑자기 닥칠 수 있는 인생의 시련이나 재앙을 뜻한다고 말합니다. 인생의 고난도 연대해서 맞서다 보면 지나갈 것이라는 희망을 보여준다는 것입니다. 해석이 분분하고 페스트가 무엇을 의미하든 인간은 갑자기 닥치는 재앙을 완벽하게 해결할 능력이 없습니다. 우리가 겪은 코로나19도 그랬듯 페스트 역시 인간의 힘이 아니라 스스로 약해지며 소멸의 길을 걷습니다. 그러니 이 책에서 보여주려고 한 인간의 숭고함은 한계를 극복하는 인간의 엄청난 의지와 능력이 아니라 재앙 속에 깊어지는 '인간애'인 것입니다. 우리는 불완전한 존재이지만 그런 운명을 극복하기 위해 '연대' 할 줄 알기에 아름답습니다.

불완전함 인정하기, 의연함

작품에는 '타루'라는 인물도 등장합니다. 그는 오랑시의 토박이가 아닙니다. 마을에 머무는 미지의 인물이지요. 그런데 페스트 사태가 일어나자 앞장서서 자원봉사자들로 구성된 '보건대'를 만들어 페스트 극복의 선봉에 섭니다. 그의 태도는 마치 페스트와 전면전을 벌이는 장군같이 담대하고 의연합니다.

그와는 대조적인 '코타르'라는 인물도 주목할 만힙니다. 코타르는 혼란한 오랑시에서 물자를 밀거래하며 돈을 법니다. 페스트가 종식되는 순간을 싫어한 유일한 인물입니다. 그는 페스트 이전에 소외된 자신의 삶이 너무 괴로워 자살하려고 했었지만, 페스트로 인해 오히려 삶의 희망을 갖습니다. 그러니 페스트가 종식되려 하자 두려움을 느끼고 기뻐하는 군중을 향해 총기 난사까지 벌이지요.

이 두 인물의 대조는 삶의 불완전함을 대하는 태도의 차이를 보여줍니다. 알고 보니 타루는 '사형제도'에 역겨움을 느끼고 세상의 온갖 부조리함에 맞서 싸우는 인물이었습니다. 사람을 마구 죽음에 이르게 하는 페스트도 타루의 적이 될 수밖에 없었겠네요. 코타르는 세상의 부조리함이 속수무책이라 생각했었지만, 또 그 부조리함 속으로 슬그머니 기어들어가 자신의 이익을 챙깁니다. 상황이 바뀌자 다시 혼란에 빠지고 말지요. 타루는 인간과 인간 세상의 불완전함을 인정하고 극복하려는 인물입니다. 반대로 코타르는 인간 세상의 불완전함이 두렵기 때문에 전전긍긍 살아남을 길만을 찾습니다.

인간은 물론 인간이 만들어 놓은 세상도 불완전합니다. 부조리함이 생기는 이유입니다. 그리고 닥쳐오는 질병과 천재지변에 속수무책으로 당할 수밖에 없는 것도 인간의 불완전함 때문입니다. 아무리 힘센 사람도 못 들어 올리는 바위가 있고, 아무리 건강하다고 자부하는 사람도 유행하는 감기에 걸릴 수 있습니다. 그리고 아무리 좋은 화장품을 바르고 성형 수술을 해도 노화를 막을 수는 없습니다. 이것이 인간이 지닌 육체의 한계입니다. 인간이 쌓아온 '지식'은 어떤가요? 역시 불완전합니다. 열심히 경험하고 연구하며 문명을 발전 시켜왔지만, 우리가 살아가는 세계에 대해 완전히 이해하지 못합니다, 그저 조금씩 더 업데이트될 뿐이지요. 심지어 자기 육체에 대해서도 속속들이 알지 못합니다. 의사 선생님들은 다 알 것 같지만, 알고 있는 건 축적된 경험이 만든 통계적 지식일 뿐, 누구도 완전히 인체를 이해할 수는 없어요. 그게 인간이지요.

전사 같았던 타루도 사실 페스트를 인간의 힘으로 극복할 수 없다는 것을 이미 알고 있었을지도 모릅니다. 자신의 죽음 앞에서 초연했으니까요. 코타르의 최후는 안타깝습니다. 어떤 상황도 인정하지 못하는 그의 태도가 불행을 자초하는 꼴이 되었으니까요. 인간의 인간됨을 인정하는 것, 나의 나됨을 인정하는 것. 그리고 가야 할 길을 뚜벅뚜벅 걷는 것. 타루와 같이 의연한 삶이 참 멋지지 않은가요?

불완전함이 완전함으로, 하나님의 마음

성경은 우리에게 하나님의 속성이 있다고 말합니다. 이것이 창조의 하이라이트였던 우리 인간의 '인간다움' 을 규정해 줍니다.

> "하나님이 이르시되 우리의 형상을 따라 우리의 모양대로 우리가 사람을 만들고 그들로 바다의 물고기와 하늘의 새와 가축과 온 땅과 땅에 기는 모든 것을 다스리게 하자 하시고"
> (창세기 1장 26절)

우리가 하나님의 모습대로 창조되었다니요! 하나님이 인간과 똑같은 모습을 갖고 있다는 말일까요? 성경 학자들은 이 말씀이 인간의 품성 안에 하나님의 품성이 존재한다는 말이라고 해석합니다. 그렇다면 하나님의 마음은 어떤 마음일까요? 인간을 긍휼히 여기고 사랑하며, 죄를 미워하고, 창조하신 이 세계를 사랑하는 마음 이겠지요. 그러니 인간이 필연적으로 타고난 불완전함 을 극복하는 가장 중요한 방법은 하나님의 마음을 회복 하는 것입니다.

타루는 인간을 사랑했습니다. 그와 함께 보건대를 지

켜낸 사람들과 의사 리유도 그랬습니다. 파늘루는 어떤 가요? 그는 하나님을 사랑하는 것이 사람을 사랑하는 것이라 생각하는 사람이었습니다. 그래서 페스트도 회개하지 못한 인간에 대한 하나님의 벌이라고 해석합니다. 하지만 결국 죄를 인식시키는 율법적 행동에서 벗어나 예수님처럼 낮은 곳에서 환자들을 섬기는 사랑을 보여줍니다. 이것이 하나님의 마음임을 알게 되었겠지요.

> "하나님이 그들에게 복을 주시며 하나님이 그들에게 이르시되 생육하고 번성하여 땅에 충만하라, 땅을 정복하라, 바다의 물고기와 하늘의 새와 땅에 움직이는 모든 생물을 다스리라 하시니라." (창세기 1장 28절)

우리는 세상을 맡아 지키고 다스리라는 명령을 받은 세상의 청지기입니다. 하나님 형상을 회복하고 우리의 직무를 다할 때, 우리의 불완전함은 완전함으로 회복될 것입니다. 하나님의 능력이 우리 안에 거하실 테니까요.

Q 페스트는 리유가 생각한 대로 빈민가에서 먼저 시작되었습니다. 이것은 도시 시민의 빈부격차를 보여주는데요, 그리스도인이 사회적 약자를 대하는 태도는 어떠해야 할까요? 성경에서 보여주신 하나님의 마음을 찾아봅시다.

Q 페스트에 맞서 싸우는 등장인물들의 '연대'는 영화로 만들어져도 감동적일 정도로 가슴을 먹먹하게 합니다. 인간의 연대로 불완전한 세계의 불행을 극복해 낸 사례는 어떤 것이 있을까요? 역사적 사건을 떠올려 봅시다.

Q 페스트가 심해지자 사람들 사이에 의학적으로 증명되지 않은 이상한 민간 치료법들이 성행하게 됩니다. 이것은 질병에 대한 '두려움'이 극에 달했다는 것을 보여주는데요, 때로 이성적 판단까지 흐리게 하는 두려움, 우리는 세상의 온갖 위험 앞에서 어떻게 두려움을 극복해야 할까요?

Q 페스트가 퍼진 후, 오랑시를 떠나기 위해 줄곧 노력했던 랑베르는 정작 그의 노력이 열매를 맺어 사랑하는 이에게 갈 수 있게 되자 떠나지 않겠다고 선언합니다. 랑베르의 다음 말은 어떤 의미일까요? 그의 선택에 찬성할 수 있는지 할 수 없는지 생각해 보세요.

> " 나는 늘 이 도시와는 남이고 여러분과는 아무 상관도 없다고 생각해 왔어요. 그러나 이제 볼 대로 다 보고 나니, 내가 원하건 원하지 않건 간에 나도 이곳 사람이라는 것을 알겠어요. 이 사건은 우리들 모두에게 관련된 것입니다." (273쪽)

Q 어느 날 갑자기, 페스트가 스스로 소멸하기 시작합니다. 기쁨에 들떠있는 군중들을 보면서 리유는 생각합니다. 페스트균은 결코 죽거나 소멸하지 않으며, 꾸준히 살아남아 있다가 언젠가는 다시 인간들에게 불행을 가져다주기 위해 다시 찾아올 것이라고요. 리유의 경고가 우리에게 주는 메시지는 무엇인가요?

『아몬드』 손원평 글, 다즐링

타인의 감정을 공감할 수 없는 16세 소년 윤재. 윤재는 '감정표현 불능증'입니다. 윤재는 자신을 어떻게든 평범하게 키우려던 엄마와 할머니를 비극적인 사건으로 잃고, 보호막 없이 세상에 던져지게 됩니다. 그러나 함께 할 또다른 인연들을 만나게 됩니다.

마음의 상처로 세상을 미워하게 된 곤이, 조용히 윤재를 돕는 심 박사, 어느 날 윤재의 마음에 들어온 도라, 윤재는 이들과 함께 조금씩 성장합니다. 윤재를 규정하고 얽매던 감정표현 불능증은 더 이상 윤재의 아픔으로 남지 않습니다. 불완전의 불편함을 극복하는 가장 완벽한 방법은 '함께 하는 것'임을 보여줍니다.

생각하는 질문 만들기

인물의 행동 방식과 마음의 변화가 주제를 드러내는 중요한 요소인 이야기입니다. 여러 등장인물의 행동에 관한 질문, 주인공 윤재의 마음에 관해 묻는 질문을 만들고 답해보세요. 불완전함을 극복하는 연대의 힘을 배우게 됩니다.

우린 생각하고
선택할 수 있어

『기억 전달자』 로이스 로리, 비룡소

#디스토피아 #행복 #생각 #기억 #행동

‘디스토피아 소설’은 어떤 소설을 말하는 것일까요? 디스토피아는 가공의 이상향, 즉 현실에는 존재할 수 없는 이상적 세계를 일컫는 유토피아의 반대말입니다. 그러니까 부정적이고, 암울한 세계를 뜻하는 말입니다.

대표적인 디스토피아 소설로는 올더스 헉슬리의 『멋진 신세계』, 조지 오웰의 『1984년』을 꼽지요. 두 소설 모두 시대를 정할 수 없는 어떤 시점에서 상상 밖의 세상을 그립니다. 문명이 고도로 발달해 과학이 모든 사회를 지배하게 된 세상, 아이들은 인공수정으로 태어나 유리병 속에서 양육되고, 지능으로 장래의 직업과 지위가 결정되는 세상. 고민이나 불안은 신경안정제로 해소되는 세상이 ‘멋진 신세계’입니다. 스크린에 의해 모든 것이 통제되고 어디를 가든 빅 브라더의 눈이 지켜보는 세상, 심지어 반란을 막고 완전한 안정이 필요하기에 단어까지 통제되는 세상이 ‘1984’년의 세상입니다. 1900년대 초에 출간된 두 작품에 비해 훨씬 뒤에 만들어진 세기말의 작품 루이스 로리의 『기억 전달자』는 앞의 두 작품에 비해 조금 더 '거짓말쟁이' 같습니다. 아주 유토피아인 척하거든요. 갈등과 혼란을 만들지 않기 위해 '늘 같음 상태'를 유지하는 세상을 보여줍니다. 어찌 되었든 이 세 작품은 모두 행복을 위해 통제를 선택한 '전체주의'적 특성을 보여줍니다. 행동뿐 아니라 생각까지 통제당하는 서늘한 상황을 보여주지요. 자, 그러면 생각이 통제되는 소설 속 세상으로 들어가보겠습니다.

고기토 에르고 숨

고대 그리스의 철학자 아리스토텔레스는 인간을 정의하며 '생각하는 동물'이라고 말했습니다. 고민하고 성찰하지 않는다면 인간이라 할 수 없다는 것이지요. 17세기 프랑스의 철학자 데카르트는 평생 '의심'에 관해서만 연구했어요. 자신이 알고 있는 모든 사실을 끊임없이 의심하고 생각하는 것만이 인간의 특성이라고 생각했지요. 그가 남긴 유명한 말이 '나는 생각한다. 그러므로 존재한다.'(cogito ergo sum 고기토 에르고 숨)입니다. 그런데 『기억 전달자』에서는 생각을 통제하는 이유가 '행복'

이라고 합니다. 인류가 한 차례 멸망의 위기를 맞이했었고, 그 후 새로운 커뮤니티를 창조했다는 것이 이 소설의 세계관입니다. 이곳은 인류 생존에 부정적인 것들을 모두 통제하는 세상입니다. 욕심으로 인한 다툼, 다름으로 인한 차별, 부의 많고 적음으로 인한 전쟁 등 갈등을 일으킬 모든 요소를 제거하지요. 그래서 이곳 세상에는 색깔도 없습니다. 선택의 갈등도 발붙일 틈이 없습니다. '늘 같음상태'를 유지하며 늘 평화로운 일상을 살아갑니다. 감정은 갈등의 원인이 되기 때문에 사랑도 없습니다. 슬픔을 만드는 죽음도 없습니다. '임무해제'가 있을 뿐이지요.

하나님은 세상을 창조하실 때 모든 생물을 '말씀'으로 창조하셨습니다. '빛이 있으라.' 하시면 빛이 생겼고, '새가 날으라' 하시면 하늘 위에 새가 생긴 것입니다. 하지만 인간은 손수 빚으시고 생기를 불어 넣어 생명을 주셨습니다. 하나님의 형상을 따라 사람을 만들고 만물을 다스리게 하셨습니다. 그러니까 단순한 생물학적 존재에서 벗어나 생각하고, 판단하고, 결정하는 존재로 만드신 것입니다. 그래서 에덴동산의 '선악과'까지도 생각하고, 스스로 먹지 않을 선택권을 주신 것입니다. 생각이 통제된 세상은 하나님의 창조 원리에 어긋난 세상입니다.

이야기의 주인공 조너스는 곧 열두 살이 됩니다. 열두 살이 되면 직업이 정해지지요. 공동체의 원로들이 직업을 정해줍니다. 아이들은 성장하는 순간순간 통제 속에 자랍니다. 여덟 살이 되면 규칙에 따라 위안물(인형)을 치워야 합니다. 자전거는 아홉 살이 되어야 받습니다. 위험 요소를 모조리 차단한 세상, 걱정할 필요가 없긴 하겠네요.

한때 육아 스킬로 유행했던 '생각 의자'를 알고 있나요? 어쩌면 생각 의자에 앉아 본 친구들도 있을지 모르겠습니다. 아이들이 잘못 했을 때 무조건 나무라지 않고 무엇을 잘못했는지 조용히 앉아서 생각하게 하는 의자입니다. 그 의자에 앉아 화를 가라앉히고 자기 잘못을 생각하고 반성하게 되면 같은 잘못을 반복할 확률도 줄고 감정 조절도 배우게 된다고, 아이를 키우는 집이면 어느 집이든 한쪽 구석에 이런 의자를 두는 것이 유행처럼 번졌습니다. 생각의 중요성을 보여주는 단편적인 일화입니다. 그런데 조너스의 공동체에서는 생각이 필요하지 않습니다. 잘못을 했을 때 즉시 공개 방송이 나옵니다.

> "알려드립니다. 열한 살 남자아이들에게 당부합니다. 놀이 공간 물건들은 없어지면 안 되며, 간식은 그 자리에서 먹어야지 몰래 집으로 가져가면 안 됩니다."

이런 식의 공개 방송은 엄청난 창피함과 양심의 가책을 주기 때문에 바로 용서를 구하고 행동을 수정하게 된다고 합니다. 그러나 중요한 게 빠졌지요. 자신의 생각입니다. 왜 하지 말아야 하는지 생각하기보다 그저 주어진 규칙이기 때문에 따라야 하는 것이 몸에 배게 되지요. 생각을 사라지게 하는 무서운 통제입니다.

'고기토 에르고 숨', 나는 생각한다. 그러므로 존재한다. 그렇다면 조너스가 사는 공동체는 존재하지만 존재하지 않는, 의미 없는 생존이 이어지는 공간이 아니었을까요?

기억 보유자, 조너스

열두 살, 직위 받기 기념식에서 다음번 '기억 보유자'가 선출됩니다. 이곳에서는 오직 한 사람만 기억을 가지

46

고 있게 됩니다. 책의 원어 제목인 'Giver'는 뭔가를 주는 사람을 말하는데, 바로 기억을 준다는 이야기입니다. 한국어 제목 '기억 전달자'는 기억을 유지하기 위해서 기억 보유자와 기억 전달자의 이어짐이 필요했다는 것을 보여줍니다.

기억 보유자는 단 한 명, 새로운 기억 보유자가 선출되면 이전 기억 보유자는 기억 전달자 Giver가 됩니다. 그리고 모든 기억을 전해주면 임무해제! 새로운 기억 보유자가 탄생하게 되는 것이지요. 기억 보유자의 일은 공동체에서 판단하기 어려운 갑작스런 일이 생겼을 때, 기억 속에서 경험 있는 해결책을 찾아내는 것이었습니다. 그래서 기억 보유자에게는 특권이 주어집니다. 무례함을 금지하는 규칙들을 지키지 않아도 되고, 어떤 주민에게 어떤 질문이든 할 수 있고 들을 수 있게 됩니다. 아침마다 공동체의 모든 구성원은 가족과 함께 꿈 이야기를 하며 무의식까지 통제받아야 하는데, 기억 전달자는 꿈 이야기에 참여해서는 안 됩니다. 학교가 끝나면 기억 전달을 받으러 가야 하고, 훈련이 끝나면 즉시 집으로 돌아가야 하지요.

다른 구성원은 알 수 없는 원래의 세상에 관한 기억
을 전달받아야 합니다. 덕분에 조너스가 기억전달자의
집에서 가장 먼저 만나는 것은 '책'입니다. 책은 인류의
문화유산이며, 엄청난 경험과 기억들이 담겨 있으니까
요. 조너스는 기억 전달자로부터 눈, 썰매, 즐거움과 같
은 행복한 기억들을 전달받습니다. 날씨나 색깔에 대해
서도 알게 되지요.

하나님이 창조하신 원래의 세상은 알록달록하고 다채
로웠습니다. 그리고 매우 아름다웠습니다. 에덴동산의 동
물들은 행복했으며 아담과 하와도 충분히 행복했습니다.
그리고 그 모습을 보시는 하나님도 행복하셨습니다.

"하나님이 지으신 그 모든 것을 보시니 보시기에 심히
좋았더라." (창세기 1장 31절 상)

우리가 사는 세상과 조너스가 사는 세상을 비교하면,
그의 세상이 매우 기괴해 보이는 것 같지만 지금 우리가
사는 세상에도 조너스의 세상과 같은 면이 있습니다. 우
리 세상도 가끔 색깔이 사라집니다. 남이 하는 것을 따

라 해야만 소외되지 않을 것 같아 흉내 내고, 남이 하는 것이 좋아 보여서 따라 하고, 그러다 보니 개성이 사라진 세상이 되기도 하니까요. 모두 대학에 가야 한다고 하니까 나의 꿈은 생각하지도 않고 그저 어느 대학이든 가야 한다고 생각합니다. 쌍꺼풀 있는 눈이 예쁘다고 하니, 모두 똑같이 성형 수술을 합니다. 유행하는 게임에 지배당해 모두 컴 앞에 나란히 앉아 있는 PC방은 어떤가요? 우리 세상에도 조너스의 공동체 같은 모습이 곳곳에 있습니다. 하나님이 보시기에 어떨까요?

조너스는 기억 전달자로부터 기억을 전달받으며 세상의 본래 모습을 알게 됩니다. 처음 통제를 불러온 전쟁과 같이 무시무시하고 슬픈 것도 전달받지만, '사랑', '가족', '음악'과 같이 아름다운 것도 알게 됩니다. 그리고 혼란에 빠집니다. '왜 이런 것들을 누리며 살 수 없는가?' 고민하게 되지요. 아무도 알 수 없었던 '임무해제'의 비밀도 알게 됩니다. 이곳에서 임무해제는 공동체에 어떤 도움도 되지 못하는 '쓸모' 없는 사람이나 노인들을 죽음에 이르게 하는 것이었습니다. 간단히 주사 한 대로요. 어린 아기조차 건강하게 자라지 못하는 아이는 임무해제 시키는 세상이 이 세상이었습니다.

조너스는 최초로 기억보유자의 임무를 거부합니다. 아무도 모르게 탈출을 시도합니다. 그리고, 기억전달자가 조너스의 탈출을 돕기로 합니다. 그는 사실 조너스에 앞서 기억보유자 훈련을 받고 있던 로즈메리의 아버지였습니다. 그러나 로즈메리는 완벽한 줄 알았던 세계의 불합리함과 마주하자, 이를 받아들이지 못하고 스스로 임무해제를 요구하고 떠납니다. 이런 아픔을 가진 기억전달자였기에 조너스의 선택을 돕지 않을 수 없었을 것입니다. 기억 보유자가 다른 세계로 가면 사람들은 스스로 기억을 간직하게 됩니다. 이 지점이 다른 디스토피아 소설과 『기억 전달자』의 차이라 할 수 있습니다.

조너스는 누구도 시도하지 않았던 완벽한 세계의 균열을 시도합니다. 모두가 스스로의 기억을 갖도록 회복시키는 것입니다.

가브리엘과 희망을 꿈꾸다

조너스의 아버지 직업은 '보육사'입니다. 보육 센터에서 아이들을 키웁니다. 어느날 아버지는 집으로 '가브리엘'이라는 갓난아이를 데리고 옵니다. 그런 일은 흔치 않은 일인데, 가브리엘이 밤에 잠을 제대로 자지 못하고 자꾸 깨어나 우는 이상 행동을 보여 집에 데리고 와 추가로 더 돌보기로 했다는 것이었습니다. 하지만 가브리엘의 증상은 좀처럼 좋아지지 않았습니다. 만약 증상이 계속되면 가브리엘은 '임무해제' 될 운명입니다. 임무해제가 무엇인지 알고 있던 조너스는 가브리엘을 살리기 위해 밤 중에 우는 가브리엘에게 관심을 가집니다. 그리고 가브리엘의 눈빛에서 자신과 같은 기억 보유자가 될 자질을 타고난 운명임을 직감합니다. 조너스는 울고 있는 가브리엘을 달래기 위해 아무도 몰래 자신이 전달받은 행복한 기억 몇 가지를 전달합니다.

하지만 그것도 일시적일 뿐, 근본적인 해결책이 되지 못합니다. 가브리엘의 임무 해제일이 다가오자 조너스는 초조해지기 시작합니다. 결국 가브리엘과 함께 공동체를 탈출하기로 결심합니다.

가브리엘은 히브리어 강한 사람을 뜻하는 '게베르'와 하나님을 뜻하는 '엘'이 합쳐진 단어입니다. 성경에서 예언과 계시의 임무를 하는 천사입니다. 또한 예수님의 어머니 마리아에게 예수님의 잉태를 알린 천사의 이름이기도 합니다. 작가가 이 아기에게 '가브리엘'이라는 이름을 준 이유는 무엇일까요?

이 아기의 애절한 울음소리는 죄로 인해 죽을 수밖에 없는 세상에 예수님의 탄생을 알렸던 천사 가브리엘의 기쁜 소식처럼 조너스의 세상에 희망을 외치는 간절한 목소리가 아니었을까요? 조너스는 가브리엘과 함께 늘 같음의 땅에서 탈출합니다. 조너스는 생각하고, 행동했습니다. 가장 인간다운 선택을 한 것입니다.

Q 조너스의 세상에서는 원로들에 의해 구성원 모두에게 가장 적당한 직업이 주어집니다. 자라면서 보이는 재능과 특징 등 판단할 수 있는 모든 근거를 통해 할 일이 정해지는 것이지요. 이 결정의 문제는 무엇일까요?

Q 가장 안전하고, 가장 편안하고, 가장 행복한 사회는 가능할까요? 각자가 생각하는 '이상 세계'를 이야기하고, 서로의 세계의 문제점을 찾아보세요.

Q 성경이 말하는 죄는 '하나님과 멀어짐'을 뜻합니다. 하나님의 뜻에 어긋나는 행동을 하는 것입니다. 사회가 말하는 죄는 대체로 공동체에 해를 끼치는 것을 말합니다. 그렇다면 공동체의 행복을 위해 국가나 단체가 개인의 삶을 통제를 하는 것은 정당한 것일까요? 통제가 만드는 문제점에 관해 토론해 보세요.

Q 성장기에 부모님의 적절한 통제는 도덕적 개념과 자제력을 길러줍니다. 그렇다면 부모님의 통제는 아이들의 성장에 어느 정도 개입되어야 할까요? 연령별로 생각해 봅시다.

·유아기:

·초등학령기:

·청소년기:

Q 조너스의 세상은 색이 사라진 세상입니다. 우리 세계에서 색이 있어서 긍정적인 면과 부정적인 면을 생각해 보세요.

Q 조너스는 자신의 세계가 붕괴될 것을 예상하면서도 탈출을 결심합니다. 만약 내가 조너스처럼 기억 전달자가 되었다면 이 사회의 문제점을 해결하기 위해 나는 어떤 선택을 했을까요?

『6교시 인성 영역』 김송은 글, 스피리투스

대한민국 서울 가상의 미래, 미성숙하고 부도덕한 어른은 존재하지 않는 곳, 대학입시는 여전히 청소년에게 크나큰 산입니다. 학업을 테스트하는 5교시가 끝나면, 6교시에는 성인 자격을 검증하는 '성인 인증 시험'이 치러집니다. 이 시험을 관장하는 주체는 AI 메텔입니다. 서른 개의 질문을 통해 어른의 사고와 감정, 행동을 검증합니다. 이 인증 시험에서 탈락한 미성인은 은하 열차에 태워져 지구에서 추방됩니다.

AI에 의해 생각이 검증되고, 통제되는 세상을 보며 스스로 세워가야 할 가치관과 미래의 삶에 관해 생각하게 됩니다.

생각하는 질문 만들기

이 책의 등장인물들은 하나 같이 자기만의 문제를 안고 있습니다. 이 친구들이 문제를 풀어가는 방법을 보면 국가의 통제를 벗어난 자기만의 고민과 생각을 엿볼 수 있습니다. 그래서 한층 자율적이고 멋있어 보입니다. 등장인물들의 결정을 지켜보며 내 생각과 비교해 보세요.

죽음 이후의
시간에 관하여

『사자와 마녀와 옷장』 C.S 루이스, 시공주니어

#메멘토모리 #사후세계 #삶 #죽음

삶의 끝은 어디일까요? 웃고 울고, 사랑하고 미워하고, 좌절하고 다시 일어나 행복을 좇아가는 우리 시간의 끝은 언제나 오리무중입니다. 인간이 알 수 있는 영역 밖의 일이지요. 시간이 흐르고 나이를 먹는 일 즉, 살아간다는 것은 알고 보면 죽어가고 있다는 말과 맞닿아 있어 가끔은 섬뜩해집니다. 하지만 인간이 무한한 생명을 가진 존재가 아니라는 것을 깨닫는 순간, 주어진 시간이 얼마나 소중한 것인지도 깨닫게 됩니다. 그래서 죽음은 인간이 가진 특성 중 가장 중요한 요소입니다.

고대 로마에서는 원정에서 승리를 거두고 개선하는 장군이 시가행진을 할 때 노예를 시켜 행렬 뒤에서 큰 소리로 "메멘토 모리!"(Memento mori!)를 외치게 했다고 합니다. '죽음을 기억하라.' 이 말은 '전쟁에서 승리했다고 너무 우쭐대지 마라. 오늘은 개선장군이지만 너도 언젠가는 죽는다. 겸손하라.' 이런 의미가 있었다고 합니다. 그래요. 죽음은 무한한 존재인 신 앞에 겸손해질 수밖에 없는 인간의 한계를 보여주는 것입니다. 덕분에 우리는 순간의 소중함을 알고, 태어나고 죽는 생명의 순환이 얼마나 경이로운지도 알게 됩니다.

나, 아직 죽지 않았어!

삶이 자신의 선택으로 오지 않듯 죽음도 인간에게 선택 사항이 아닙니다. 그냥 주어진 것이지요. 죽음이 이렇게 우리 삶과 맞닿아 있다는 것을 친구처럼 표현한 그림책이 있습니다. 이 그림책을 읽다 보면 "그래, 죽음은 이런 거지. 늘 그냥 우리 곁에 있는 것. 우리가 인식하지 못할 뿐이지."라고 고개를 끄덕이게 됩니다.

『내가 함께 있을게』(볼프 에를브루흐 글·그림, 김경연 옮김, 웅진주니어)에 등장하는 죽음은 해골 모습을 한 얼굴에 베이지색 체크무늬의 긴 겉옷을 걸치고 있습니다. 얼굴 모습만 아니면 그냥 친구 같은 죽음이 어느 날 오리의 눈에 띄게 되지요. 오리는 말합니다. "대체 누구야? 왜 내 뒤를 슬그머니 따라다니는 거야?" 죽음이 대답합니다. "와, 드디어 내가 있는 걸 알아차렸구나. 나는 죽음이야." 오리는 지금 나를 데리러 온 거냐고 묻습니다. 죽음은 만일을 대비해서 그냥 쭉 곁에 있었노라고 말합니다. 쭉~~ 곁에, 만일을 대비해서라니! 우리의 삶 속에는 언제나 예상치 못한 '만일'이 존재합니다. 죽음이 그것을 바라보고 있었다네요.

죽음을 만난 다음 날 아침, 오리는 죽음의 옆구리를 툭 치며 "나, 아직 죽지 않았어!"라고 기쁨의 소리를 외치며 일어납니다. 죽음은 이런 것입니다. 죽음을 인식할 때 삶은 더 경이로워지지요. 그날부터 오리와 죽음은 연못에도 같이 가고 친구처럼 지냅니다. 하지만 오리에게도 떠날 때가 다가옵니다. 점점 힘이 없어지고, 조용히 죽음을 맞이하게 되지요. 죽음은 오리를 검은 강으로 고요히 띄워 보냅니다.

그림책이 전해주는 짧은 이야기를 읽으며 우리는 죽음이 옛이야기의 저승사자처럼 갑작스럽게 다가오는 낯선 손님이 아니라는 것을 알 수 있게 됩니다. 늘 우리 곁에 있지만 느끼지 못하는 것이요. 두려워하거나 슬퍼할 필요도 이유도 없습니다. 그저 처음부터 우리에게 있었던 친구를 대하듯, 이미 알고 있는 운명을 만났듯, 그렇게 조금은 덤덤하게 대하면 되는 것입니다.

성경적 관점에서도 죽음은 두려움의 대상이 아닙니다. 예수 그리스도께서 십자가에서 죽으시고 부활하심으로써, '죽음의 권세'를 이기셨기 때문입니다. 요한복음에서 예수님은 죽음에 관한 선언을 들려주십니다.

"나는 부활이요, 생명이니 나를 믿는 자는 죽어도 살겠고, 무릇 살아서 나를 믿는 자는 영원히 죽지 아니하리니 이것을 네가 믿느냐."(요한복음 11장 25~26절)

사후세계는 있을까요?

그런데 죽음 후에 이어지는 사후세계는 정말 있는 것일까요? 불교에서는 지옥과 극락이 존재한다고 하고, 기독교에서는 천국과 지옥이 있다고 하는데, 신을 믿지 않는 사람들은 수명이 다하고 육체가 의식을 잃으면 모든 게 끝이라고 생각합니다. 사후세계 같은 것은 없다고 생각하지요. 어느 쪽이 맞는 말일까요? 죽었다가 다시 살아나는 신비로운 경험을 한 사람들은 사후세계가 있다고 믿습니다. 유체 이탈의 경험을 했다고, 영혼의 세계는 있다고 주장합니다. 육체를 떠나 떠도는 영혼의 시간도 있다고 하구요. 영화 <신과 함께>는 주호민의 웹툰을 원작으로 만들어졌습니다. 영화 속에는 사후세계에 관한 흥미로운 장면이 많이 연출되어 있는데, 불교 사상을 중심으로 '지옥'이라는 공간과 그곳을 관장하는 여러 신들의 모습이 실감나게 표현되어 있습니다. 생전에 착하고 성실한 삶을 살지 않은 사람은 죄의 종류에 따라 정해진 지옥에서 갖가지 벌을 받게 됩니다. 평생을 게으르게 산 사람은 '나태 지옥', 거짓말을 일삼은 사람은 '발설 지옥', 정의롭지 못한 삶을 산 사람은 '불의 지옥'과 같은 것입니다. 정말 잘 살아온 사람은 다시 사람으로 환생하기도 한답니다.

서울대학교 의과대학 명예교수 정현채는 사후세계에 관해 확신합니다. 그는 현대 의학을 전공한 '의사'임에도 불구하고 사후세계에 관해 연구하고, 강의를 하며, '죽음학'을 펼치고 있습니다. 그는 사후세계에 대한 확신이 말기암 환자와 자살 예방에 도움을 줄 수 있다고 말하며, 유체 이탈의 경험자들과 전생에 관한 기억, 죽은 자들과 접속하는 영매 등을 사후세계의 증거로 듭니다. 그가 주장하는 사후세계의 모습이 기독교에서 말하는 죽음 이후의 세계와는 사뭇 다르지만, 인간이 영적인

존재임을 증명하려는 행보는 인상적입니다. 우리가 이
미 아는 것처럼 인간은 영적인 존재가 맞거든요.

그리고 예수님은 사후 세계에 관해서도 분명하게 말
씀하십니다. 주를 환대한 자 즉, 지극히 작은 자를 대접
한 자들은 영생의 천국에, 그렇지 않은 자는 영원한 불
에 들어갈 것이라고 합니다.

악인은 벌을, 의인은 영생이라는 상급을 받게 되는 것
이 사후세계에 관한 기독교의 명확한 원리인 것입니다.

거지 나사로와 베르길리우스의 사후세계 여행

사후세계에 관한 기독교의 생각은 '천국'과 '지옥'입
니다. 성경에는 천국과 지옥을 설명하는 '거지 나사로'

이야기가 있습니다. 마치 주호민의 웹툰 <신과 함께>를 보는 듯 이야기가 흥미롭습니다.

어느 부잣집 대문 앞에 거지 나사로가 살고 있었습니다. 부자의 상에서 떨어지는 것을 얻어먹고 간신히 살아가지요. 세월이 흘러 결국 부자도 거지도 죽습니다. 그런데 죽은 후에 거지 나사로와 부자의 처지가 완전히 바뀝니다. 나사로는 믿음의 조상 아브라함의 품에서 천사들과 함께 천국에 있고, 부자는 지옥에서 고통스러워하고 있습니다. 부자는 뜨거운 지옥 불에서 아브라함에게 제발 나사로를 시켜 물 한 방울만 손가락에 찍어 자기 혀를 서늘하게 해달라고 부탁합니다. 하지만 아브라함은 나사로와 부자, 천국과 지옥 사이에는 큰 불 구렁텅이가 있어 건너갈 수 없다고 합니다. 결국 사후세계는 살아있을 때의 삶이 어떠했는가에 대한 결과물이기에 죽음 후에는 어떤 방법으로도 바꿀 수 없다는 것을 보여줍니다. 상과 벌이 명확하다는 측면에서는 불교와 다르지 않다고 할 수 있겠네요.

그러나 결정적으로 다른 것이 있습니다. 불교는 살아

있을 때의 행위로 천국행과 지옥행이 나뉘지만, 기독교
에서는 그 결정이 '행위'로 갈라지지 않습니다. 예수 그
리스도를 믿기만 하면 천국행 열차 탑승이 가능해지지
요. 행위는 믿는 자들이 마땅히 해야할 도리 같은 것이
지, 천국으로 가는 직행티켓이 아니라는 것입니다. 직행
티켓은 오직 예수 그리스도뿐입니다.

14세기 이탈리아의 작가, 단테 알리기에리가 1308년
부터 쓰기 시작하여 죽기 1년 전인 1320년에야 비로소
완성한 대서사시 『신곡』이라는 작품이 있습니다. 이 작
품은 이탈리아 문학에서 가장 뛰어난 작품이자 인류 문
학사에 길이 남을 위대한 작품으로 평가받습니다. 단지
읽어내기가 좀 힘들다고 생각할 수밖에 없는 작품인데
요, 작품을 읽어내려면 이야기의 배경이 된 시대나 다양
한 분야의 배경지식이 있어야 읽을 수 있기 때문이지요.
그리스·로마 신화에 나오는 인물에서부터 예술과 문학,
역사, 종교, 철학, 정치, 사회, 과학에 이르기까지 인류에
영향을 미친 수많은 인물이 나옵니다.

고대 로마 최고의 시인 베르길리우스가 젊은 시절 짝
사랑했던 베아트리체의 인도를 받아 사후세계를 여행

하며 그 인물들을 만나 여러 가지 지식과 사상들에 관해 이야기를 나누는 것이 전체 스토리입니다. 인간사의 모든 주제를 비판하고 토론하는 듯한 이 작품을 읽다 보면 인간의 온갖 추악한 모습에 몸서리치다가도 고귀하고 숭고한 인간의 가치를 느낄 수 있게 되어 흥미롭습니다. 책의 분량도 방대하고 내용도 쉽지 않은 책이라 설명하고 해설해 주는 강의나 책들도 많아요. 책을 읽기 전에 도움을 받는 것도 좋은 방법입니다. 문학작품이니 온전히 사후세계를 설명한다고 생각하면 안 되겠지만 사후세계에 관해 많은 생각을 하게 하는 작품임에는 분명합니다.

'나니아 연대기' 아슬란의 죽음이 의미하는 것

죽음에 관한 주제를 두고 참 많은 이야기를 하게 되네요. 그림책 이야기도 하고, 문학작품 이야기도 하고, 성경 이야기도 하면서요. 그만큼 설명하기 쉽지 않은 주제임이 분명합니다. 그런데 기독교에서는 죽음 이후의 시간에 또 하나의 중요한 요소가 개입되어 있다고 했지요? '부활'입니다. 문자 그대로 해석하면 죽었다가 다시 살아난다는 것인데, 과학적으로는 불가능한 일입니다. 문학작품 중에 이 '부활'에 대한 상징과 비유가 멋지게 구현된 작품이 있습니다. C.S. 루이스의 『사자와 마녀와 옷장』입니다.

때는 제2차 세계 대전이 벌어지던 1940년, 주인공 아이들인 피터, 수잔, 에드먼드, 루시는 독일군의 공습을 피해 한적한 시골 마을에 사는 먼 친척인 커크 교수의 집에서 생활하게 됩니다. 어느 날 숨바꼭질을 하다가 막내 루시가 낡은 옷장에 숨게 되는데, 이곳이 나니아 세계로 연결되는 문이었어요. 아이들은 루시의 안내로 이 세계에 들어가게 됩니다. 그리고 나니아의 폭군, 하얀 마녀를 만나게 됩니다. 아이들은 사실, 하얀 마녀로부터 나니아 세계를 지킬 영웅들이었어요. 그곳에서는 오래 전부터 예언된 일이었지요.

하얀 마녀를 대적하여 나니아 세계를 지켜야 하는 나니아의 진정한 왕, '아슬란'도 있습니다. 그는 예언의 주인공인 이 남매들과 함께 세계를 지키려 합니다. 그런데 안타깝게도 마녀에게 속은 에드먼드가 그의 성으로 잡혀가고 맙니다. 결국 에드먼드를 구하기 위해 아슬란이 자신의 목숨을 마녀에게 바치게 되지요.

어디선가 들어본 이야기 같지 않은가요? 성경책입니다. 아슬란의 죽음은 예수님의 죽음과 닮아 있습니다. 죄로 인해 죽을 수밖에 없는 인간을 위해 대신 죽음을 선택하셨지요. 그러나 아슬란의 죽음은 예수님처럼 '부활'을 예비한 죽음이었습니다. 배신자를 대신해 누군가가 희생하면 마법으로 부활할 수 있다는 걸 마녀는 몰랐던 것입니다. 다시 살아난 아슬란은 아이들과 함께 하얀 마녀를 물리치고 돌이 된 나니아인들을 모두 구해냅니다. 아슬란은 예수님처럼 사랑하고, 예수님처럼 죽고, 예수님처럼 살아납니다. 굳게 닫힌 돌무덤에서 예수님의 시체가 사라지고 부활하신 모습으로 제자들에게 나타나신 것처럼 아슬란도 사라졌다가 아이들에게로 돌아옵니다.

루시, 에드먼드, 마녀, 그리고 아슬란

문학은 비유와 상징을 통해 진실을 드러내고 주제를 밝힙니다. 『사자와 마녀와 옷장』은 특히 등장인물을 통해 상징성을 보여줍니다. 루시는 나니아 세계를 발견하고 언니 오빠들에게 이야기하지만 아무도 믿으려 하지 않습니다. 루시의 처지는 마치 복음 앞에 먼저 선, 우리의 모습 같습니다. 우리가 전하는 복음을 세상은 믿지 않지요. 터키 딜라이트 젤리(튀르키예 전통젤리, 로쿰)의 유혹에 빠져 배신의 길을 가는 나니아 연대기의 트러블메이커 에드먼드는 어떤가요? 죄의 유혹 앞에 맥없이 무너지는 연약한 인간의 모습입니다. 선악과 앞에 무너진 아담과 하와의 모습과 닮았습니다. 에드먼드를 미끼로 나니아 전체를 위험에 빠뜨리는 마녀는요? 에덴동산의 뱀같이 사악하네요. 하지만 우리에겐 아슬란이 있습니다. 부활과 함께 마녀 때문에 돌로 변해 버린 나니아인 모두를 살려내는 우리의 아슬란이 정말 멋집니다. 십자가 고난을 이기고 사흘 만에 부활하신 예수님은 더 멋지지요! 이로써 우리의 부활은 확정되었습니다.

어때요? 죽음으로 달려가는 듯한 우리의 삶이 이제는 제법 훌륭해 보이지 않나요? 감격적이기도 하고요.

Q 낡은 옷장에 들어갔다가 나니아 세계를 경험하게 된 루시의 말을 언니와 오빠들은 아무도 믿지 않습니다. 왜 믿지 못했을까요? 믿기 어려웠던 이유를 생각해 보고, 하나님의 존재를 믿지 않는 사람들에게 어떻게 설명할지 생각해 보세요.

Q 에드먼드는 마녀가 준 '터키 딜라이트 젤리'에 유혹되어 완전히 마녀의 편에 서게 됩니다. 태초에, 에덴동산에 있었던 아담과 하와는 '선악과'의 유혹에 지고 말지요. 우리를 유혹하는 옳지 않은 것은 어떤 것들이 있을까요?

Q 100년 동안 크리스마스라곤 없었던 나니아에 산타클로스가 등장해 아이들에게 선물을 줍니다. 피터에게는 칼과 방패를, 수잔에게는 뿔나팔과 믿기만 하면 절대로 빗나가지 않는 활과 화살을, 루시에게는 단도와 뭐든지 치유되는 불꽃의 물약을 줍니다. 아이들이 받은 선물의 의미를 기독교적으로 해석해 보세요.

Q 돌탁자에 묶여 죽임을 당한 아슬란 앞에 밤새 눈물을 흘린 루시와 수잔, 그리고 깨어진 돌탁자와 사라진 아슬란의 시체, 어리둥절한 아이들 앞에 다시 나타난 아슬란, 이 장면은 예수님의 부활 장면과 많이 닮아있습니다. 어떤 면에서 닮아있는지 예수님의 부활 장면과 비교해 보세요.

Q 우리가 사는 세계에도 하얀 마녀와 같이 자신의 욕심을 채우기 위해 세계를 어지럽히는 사람들이 많이 있습니다. 어떤 사람들인가요? 예를 들어보세요.

Q 우리가 '악에게 지지 말고, 선으로 악을 이겨야 하는'(로마서 12장 21절) 이유는 무엇일까요?

『리버 보이』팀 보울러 글, 다산책방

출간 당시 '해리포터 시리즈'를 제치고 만장일치로 카네기 메달을 수상할 정도로 작품성을 인정받은 청소년 성장 소설입니다.

인생의 마지막을 기다리며 죽음 앞에 선 할아버지와 열다섯 살 손녀 제스, 제스는 점차 기력을 잃어가는 사랑하는 할아버지의 모습에서 불안감을 느낍니다. 사랑하는 할아버지와의 이별을 받아들여야 하는 제스의 마음과 제스를 두고 떠나는 할아버지의 마음이 세차게 흐르는 강줄기를 통해 연결됩니다. 죽음은 영원한 헤어짐이 아니라 또 다른 삶의 연결이며, 인생의 강줄기는 결국 또다시 만나게 되리라는 기대를 하게 합니다.

생각하는 질문 만들기

은유적인 표현이 많이 적용된 작품입니다. 할아버지의 그림, 리버 보이, 강물, 바다 등 다양한 상징물들이 주인공 제스에게 어떤 의미인지 생각해 보세요. 제스의 마음에 공감하며 삶과 죽음에 관한 질문들을 만들어 보세요.

2장

감정 다루기

Unpacking My Heart

손해 보는 삶은
인생 루저?

『톨스토이 단편선 1』 중 바보 이반 이야기, 레프 톨스토이, 인디북

#욕심 #죄의본성 #하나님과관계 #욕심내려놓기

욕심을 의미하는 단어는 참 많습니다. '탐욕'은 지나치게 커져버린 욕심을 말할 때 주로 사용합니다. '욕망'은 비슷한 말이지만 주로 욕심에 사로잡혀 벗어나지 못할 때 사용하지요. '욕구'라는 말은 단순히 바라는 마음을 뜻하는 단어로, 인정 욕구, 애정 욕구 등과 같이 심리학에서 사용합니다. 식욕이나 성욕과 같은 것은 생명체의 기본적 욕구이고, 권력욕, 명예욕과 같은 것은 인간만이 가진 욕구라 할 수 있겠네요. 매슬로라는 학자는 인간의 욕구에 관해 계층을 세워 피라미드로 설명하기도 했습니다. 생리적 욕구를 맨 아래 두고, 안전 욕구, 소속과 애정의 욕구, 인정과 존중의 욕구 차례로 위쪽에 위치하며, 자아실현의 욕구가 가장 고차원의 욕구라고 설명하지요.

그런데 인간의 욕심은 왜 멈추어 세우는 것이 힘들까요? 지구상에 생명체 가운데 배부르면서 더 먹는 생명체는 인간밖에 없다고 합니다. 인간에게만 존재하는 자아실현의 고귀한 욕구조차도 욕망의 전차를 타고 과속으로 달리는 경우가 종종 있습니다.

권력욕은 국민의 안위를 흔들어놓습니다. 전쟁을 일으키기도 하지요. 물욕은 범죄를 만듭니다. 인간의 무분별한 개발 욕심은 지구 환경을 황폐화 시키지요. 아마도 인류의 평화는 욕심을 내려놓는 것에서 시작하는 것일지도 모르겠습니다.

러시아의 대문호 톨스토이는 욕심에 대한 경고를 보여주는 재미있는 작품을 썼습니다. 그는 『전쟁과 평화』, 『안나 카레니나』, 『부활』과 같이 인간의 내면을 밀도 있게 그리는 장편소설로 유명하지만, 쉽고 사랑스러운 단편들을 쓰기도 했습니다. 그의 단편들은 기독교 사상이 오롯이 담겨 있어 마치 성경 속 예화를 보는 듯한 착각을 일으키기도 합니다. 그의 작품 중 「바보 이반의 이야기」라는 작품이 있습니다. 1886년 발표한 작품으로 러시아의 민간 동화 '바보 이반'을 재구성해서 집필한 작품입니다.

이반의 나라, 욕심이 발붙이지 못하는 나라

어느 마을에 부유한 농부에게 세 명의 아들이 있었습니다. 맏아들은 군인 '시몬', 둘째 아들은 장사꾼 '타라스', 셋째 아들은 답답할 정도로 성실하기만 해서 바보라 불리는 '이반'입니다. 그리고 듣지도 말하지도 못하는 막내 여동생 '마르다'가 있었지요. 어느 날, 시몬과 타라스는 아버지를 찾아와 재산을 나눠달라고 합니다. 바보 이반과 벙어리 마르다는 아무것도 모를 거라며 아버지 재산의 3분의 1씩을 요구합니다. 아버지는 이반이 어떻게 생각할지 걱정했지만, 이반은 흔쾌히 형들의 요구를 들어줍니다. 형들은 미리 받은 유산을 들고 나가고 이반은 여전히 집에서 농사를 지으며 부모님과 동생 마르다를 돌보며 살아가지요. 그런데 도깨비(악마라 번역된 책도 있습니다)가 이들 형제를 주목합니다. 이반 덕분에 늘 평화로운 이 집이 못마땅합니다. 늙은 도깨비는 자기 부하들인 작은 도깨비 세 명을 보내 이반 형제의 사이를 갈라놓으려고 합니다.

첫째 도깨비는 시몬의 권력욕을 조종해서 '전 세계 정복과 높은 관직에 대한 욕심' 갖게 합니다. 둘째 도깨비는 타라스의 물욕을 건드려 장사에 지나치게 투자하도록 유혹합니다. 셋째 도깨비는 성실한 농사꾼 이반이 일을 못 하도록 배가 아프게 하고 땅을 돌처럼 단단하게 만듭니다. 첫째와 둘째 도깨비는 작전에 완벽하게 성공합니다. 하지만 셋째 도깨비는 실패합니다. 이반은 복통에 시달리고 땅이 딱딱해졌는데도 우직하게 자신의 할 일을 모두 끝냅니다. 첫째 도깨비와 둘째 도깨비가 실패한 셋째 도깨비를 대신해 다시 이반을 괴롭히지만 끄떡도 하지 않습니다. 오히려 이반에게 잡혀 마법의 주문을 바치게 되지요.

이반의 두 형은 과한 욕심을 부리다 쫄딱 망해서 집으로 돌아옵니다. 그래도 여전히 이반을 무시하지요. 그런 형들에게 이반은 손수 집을 지어 주며 살게 합니다. 삶이 편안해지자 형들의 욕심이 다시 발동합니다. 두 형과 이반의 모습을 보면 어리석고 바보 같은 것이 정말 이반인가 라는 의문을 품게 됩니다. 정작 어리석은 것은 두 형이 아닐까요? 욕심이라는 마약은 중독되면 벗어날 수 없게 마련인가 봅니다.

이반이 도깨비들에게 뺏은 마법의 주문으로 병사를

만들고, 금화를 만드는 모습을 보고 형들은 이것들을 내어놓으라고 또 다그칩니다. 이반은 형들에게 병사와 금화를 또 나누어 줍니다. 형들은 그 병사와 금화로 나라를 만들고 왕이 되지요. 그리고, 이반도 왕이 됩니다. 금화도 있고 병사도 있으니까요. 하지만 이반의 나라는 그 어떤 나라와도 싸우지 않습니다. 늙은 도깨비의 도발로 전쟁이 나지만 이반도, 이반의 나라 백성들도 싸우지 않아요. 슬퍼하고 용서하고 다시 열심히 살 뿐입니다. 어떤 욕심도 부리지 않는, 누구도 이해할 수 없는 이반의 나라가 됩니다. 왕을 섬기지 않는 나라, 왕도 농사를 짓는 성실한 나라입니다. 이반의 나라는 너무나 자유롭고 평화로운 나라이지만 단 한 가지 중요한 관습이 있습니다. '손이 거칠고 딱딱한 사람은 누구든지 식탁에 앉지만, 그렇지 않은 사람은 반드시 다른 이들이 남긴 음식을 먹어야 한다.'는 것입니다.

이반과 이반의 나라를 보고 있으면 현실성이 없어 보입니다. 지나치게 과장된 이야기 같구요. 하지만 톨스토이가 이 이야기를 통해 말하고자 했던 것이 '욕심에 대한 경고'임을 부인할 수 없습니다. 또한 평범하고 성실한 삶에 대한 예찬임도 분명합니다.

욕심이 죽음을 낳은 이야기

"욕심이 잉태한즉 죄를 낳고 죄가 장성한즉 사망을 낳느니라." (야고보서 1장 15절)

욕심에 관한 성경 말씀 중에 가장 유명한 구절입니다. 욕심은 어미와 같이 죄라는 아이를 품고 키우지만, 결국 이 죄는 죽음의 형벌을 피하지 못한다는 것입니다.

성경에는 욕심에 관한 이야기가 참 많습니다. 아마도 성경이 보여주는 인간의 감정 중 가장 많은 이야기를 차지하는 것이 '욕심'이 아닐지 생각되네요. 많은 이야기 중에 대표적인 두 가지를 이야기해 볼게요. 구약에 하나, 신약에 하나요.

구약성경의 '아간' 이야기는 이스라엘이 약속의 땅 가나안에 들어가기 위해 정복 전쟁을 벌일 당시의 이야기입니다.(여호수아 7장) 여리고 성 점령 앞에서 지도자 여호수아는 말합니다. 여리고에서 취한 것 중에 어떤 것도 손대지 말고 여호와께 바치라고요. 모든 이스라엘 백성은 여호수아의 말을 지킵니다. 그런데 단 한 사람, '아간'이 이 명령을 어깁니다. 하나님은 이스라엘이 여리고 다음으로 아이성을 칠 때 전투에서 패배하게 합니다. 범죄한 아간 때문이었습니다. 여호수아는 슬픔에 차 하나님께 울부짖습니다. "어찌하여 이 백성을 인도하여 요단을 건너게 하시고 우리를 아모리 사람의 손에 넘겨 멸망시키려 하셨나이까."라고 묻지요. 하나님은 이스라엘이 약속을 지키지 않고 죄를 지어 이런 결과가 생겼다고 말씀하십니다. 지도자 여호수아는 아간을 색출해 냅니다. 분노한 이스라엘 백성과 여호수아는 그를 돌로 치고 물건들을 모두 불사르지요. 그가 처벌받은 후에 이스라엘과 하나님의 관계는 다시 이어집니다. 한 사람의 욕심 때문에 민족이 멸망하게 될 뻔한 사건이었습니다. 그런데 이 사건을 설명하면 꼭 하나님께 따지고 싶다고 하는 친구들이 있습니다. 왜 한 사람의 범죄를 공동체 전체에게 묻냐고 합니다, 전투에서 죽어간 사람은 무슨 잘못이 있냐고요. 그러나 이 사건은 단순히 물욕을 부린 사건이 아니라 물욕이 하나님과의 관계를 끊어버린 사건이라 할 수 있습니다. 하나님은 이스라엘 모두에게 하나님을 부인한 결과를 가르치고 싶으셨던 것입니다. 이 사건을 통해 이스라엘은 살아계신 하나님을 인정하고, 오직 하나님만이 승리를 주시는 분이심을 깨닫게 되었을 것입니다. 단언컨대 만약 하나님의 태도가 이렇게 분명하지 않으셨으면 이스라엘의 욕심은 일파만파 커져만 갔을 것입니다.

신약성경에는 '아나니아와 삽비라'라는 인물이 나옵니다.(사도행전 5장) 당시 사도들이 이끌던 초대교회는 천국과 같은 나눔을 실천하고 있었습니다. 자진해서 자신들의 소유를 팔아 교회에 가지고 와서 모든 사람과 나누며 가난한 자들에게 베풀었지요.

'아나니아와 삽비라'도 자기 소유를 팔아 교회로 가지고 왔어요. 그런데 베드로가 그들을 보고 갑자기 호통을 칩니다. "어찌하여 사탄이 네 마음에 가득하여 네가 성령을 속이고 땅값 얼마를 감추었느냐."라고요. 베드로의 호통 앞에 거짓말을 한 아나니아와 삽비라는 그 자리에서 혼이 나가 죽습니다. 너무 극단적이라구요? 그래도 자기 것을 기꺼이 내어놓은 사람들이 아니냐고 항변할 수도 있겠네요. 이 역시 물질에 관한 이야기가 아니라, 바로 욕심(존경받고 싶은 욕망) 때문에 성령을 속인 부정

직을 다룬 이야기입니다. 이들의 행동은 전능하신 하나님을 속이려 한 어리석은 행동입니다. 이 어리석음은 욕심에서 출발한 것이지요. 하나님은 이 욕심을 경고하고 하나님을 속일 수 없음을 보여준 것입니다.

다시 이반에게로 돌아가 볼까요? 이반 형제를 괴롭혔던 도깨비들은 아담과 하와를 유혹한 후, 인류의 적이 된 '사탄'을 의미합니다. 그가 주로 쓰는 가장 강력한 무기는 '유혹'이지요. 인간의 마음에 잠자고 있는 욕심을 슬그머니 끌어냅니다. 하와는 '먹음직도 하고, 보암직도 하고, 지혜롭게 할 만큼 탐스럽기도 한' 선악과를 탐합니다. 쉽게 말해 식욕 폭발하는 본능적 욕망과 예쁜 것을 탐하고, 잘난 척하고 싶어하는 욕심 때문에 선악과를 먹었다는 것입니다. 이 욕심들은 지금도 모두 우리 안에 있습니다.

욕심은 우리의 눈을 가리는 가장 강력한 안대가 되고, 우리의 마음을 썩게 하는 가장 강력한 곰팡이가 되어 하나님과 우리의 관계를 끊어냅니다. 맑은 영혼의 눈으로 하나님을 바라보고 하나님의 뜻을 분별하며, 욕심을 경계해야겠습니다.

Q 이야기 속 도깨비들은 인간의 가장 연약한 부분인 '욕심'을 사용하여 불화를 만듭니다. 역사 속에서 인간의 욕심으로 인해 생긴 비극은 어떤 것이 있을까요?

Q 이반의 형들은 욕심에 휘둘리지만, 이반은 좀처럼 욕심에 흔들리지 않습니다. 이반처럼 욕심에 휘둘리지 않으려면, 어떤 삶의 태도를 가져야할까요? 욕심에 관한 명언을 만들어 봅시다.

Q 어떤 욕심은 우리의 삶을 풍요롭게 만들기도 합니다. 긍정적인 욕심은 어떤 것들이 있을까요?

Q 이반의 형들은 당시 민중을 가난으로 몰아넣었던 귀족 계급에 대한 풍자입니다. 이반의 형들의 모습을 보며 당시 귀족 계급이 어떤 잘못을 저질렀을지 찾아보세요.

Q 이반의 나라는 성실히 일하지 않는 자는 무시 하는 나라였습니다. 성실을 최고의 가치로 내세운 이 나라는 좋은 나라일까요? 이반의 나라의 긍정적인 면과 부정적인 면을 토론해 보세요.

Q '개인적 욕심이 없이 공평하게 나누는 나라'는 흔히 사회주의 사회를 떠오르게 합니다. 사회주의에 대해 알아보고 자본주의와 비교하여 어떤 장점과 단점이 있는지 알아보세요.

『지킬 박사와 하이드』 로버트 스티븐슨, 푸른숲주니어

선량하고 도덕적이며 모든 이들의 존경을 받는 지킬 박사. 그는 인간의 내면에서 악한 본성을 분리해 내는 실험에 성공합니다. 원하는 때 약을 먹으면 악한 본성의 자아가 깨어나지요. 지킬 박사는 그 약을 스스로 먹고 한 몸에 두 개의 인격체로 살아갑니다. 교양 있고, 선한 지킬 박사, 그리고 악의 화신같이 폭력과 살인을 즐기는 하이드, 지킬 박사는 하이드를 통해 점점 더 자유로움을 느끼며 걷잡을 수 없는 욕망에 사로잡힙니다. 지킬 박사가 변해가는 모습을 보며 그의 마음을 따라가다 보면 인간의 욕심이 어떻게 죄를 만드는지 깨달을 수 있습니다.

생각하는 질문 만들기

지킬 박사는 하이드로 변하는 순간 묘한 쾌감을 느낍니다. 지킬 박사가 하이드였을 때 했던 행동들에 "왜?"라고 질문을 던지고 그가 느꼈던 감정들을 따라가 보세요. 악의 근원이 된 욕심을 따라가게 될 것입니다.

분노가
정의로울 수 있을까?

『홍길동전: 춤추는 소매 바람을 따라 휘날리니』, 류수열 풀어씀, 나라말

#분노 #차별 #분노다스리기

서양 고전과 동양 고전은 서로 다른 문화와 역사를 배경으로 발전해 왔습니다. 르네상스를 계기로 인간의 이성과 자유, 존엄성을 중요시하게 된 서양 문화는 문학에서도 그 사상을 뚜렷이 드러냅니다. 문학을 통해 주로 인간의 내면을 탐구해 왔지요. 때로는 숭고한 인간의 모습을, 때로는 추악한 욕망을 드러내었습니다. 우리가 이미 함께 읽은 책들에서도 알 수 있었을 것입니다. 반면에 동양 고전은 인간과 자연의 조화, 공동체의 관계 등을 소중히 여깁니다. 논어나 맹자와 같은 도덕적이고 철학적인 작품뿐만 아니라 이후의 작품들에도 주로 사회 공동체, 즉 가족·이웃·국가 등의 가치를 중요하게 다루어왔지요. 우리 고전도 그 맥락이 다르지 않습니다. 유교 사상을 고스란히 간직하고 있기에 충, 효, 예에 관한 이야기가 많습니다.

판소리계 소설이라 불리는 우리 고전 작품이나 조선 후기 한글 소설들은 조금 달라집니다. 독자가 주로 양반들이었던 앞선 시대의 책에서는 볼 수 없었던 주제들이 등장합니다. 권력을 가진 양반들의 이면을 풍자하거나 당시 사회의 모순을 비판하는 내용이 나오기 시작합니다. 남존여비 사상에 눌렸던 여성들에게 힘을 실어 통쾌함을 선사하는 이야기들도 등장합니다. 소설이 평민들의 애환을 풀어내고 쌓였던 분노를 해소하게 하는 역할을 한 것입니다. 우리나라 최초의 한글 소설이라 불리는 '홍길동전'에도 이런 분노가 있습니다. 가슴에 품은 분노 때문에 어떤 일이 일어나는지도 볼 수 있고요. 홍길동이 일으킨 파장은 백성들에게는 엄청난 희열을, 권력자들에게는 엄청난 위기감을 줍니다.

그의 분노는 의로운 분노였을까요? 거칠고 감정적일 뿐인 분노였을까요?

아버지를 아버지라 부르지 못하고

『홍길동전』을 읽지 않은 사람들도 모두 아는 홍길동의 대사가 있습니다. '아버지를 아버지라 부르지 못하고, 형을 형이라 부르지 못한다.'는 것입니다. 홍길동전은 이렇게 시작부터 대놓고 '적서차별'이라는 조선시대 사회

부조리와 정면으로 대결할 태세를 갖춥니다.

『홍길동전』의 저자 허균은 양반이었습니다. 하지만 서자 출신의 천재 시인 이달에게서 시와 학문을 배웠습니다. 천민이나 기생들과도 거리낌 없이 어울리던 그는 신분 차별로 겪는 아픔을 이해하게 되었습니다. 그래서 신분 차별이 없는 세상, 율도국과 같이 능력에 따라 지도자가 될 수 있는 세상을 소설에서라도 꿈꾸었지요.

홍길동도 양반집의 아들입니다. 세종대왕 때 이조판서를 거쳐 좌의정까지 올라갔던 홍승상의 아들이지요. 하지만 정실부인이 아니라 하녀 춘섬의 몸에서 태어났습니다. 아버지를 대감마님이라 불러야 하는 서자의 처지였던 것입니다. 길동의 가슴에는 늘 원한이 맺혀있었습니다.

"아무리 하찮은 사람도 아버지를 아버지라 부르고 형을 형이라 부르는데, 나만 홀로 그리하지 못하는구나. 내 인생은 어찌하여 이리도 기박한가?"

아버지 앞에서 울부짖어보아도 아버지는 그저 방자하게 굴지 말라 하실 뿐이었습니다. 게다가 아버지의 다른 첩, 초낭은 길동과 길동의 어머니를 질투하여 살해할 계획까지 짜고 있었습니다. 어느 날 초낭이 보낸 자객이 길동의 방에 들어오자, 길동은 스스로 익힌 술법으로 자객을 죽이고 한을 품은 채 집을 떠나게 됩니다.

홍길동의 울분은 쉽게 가라앉지 않습니다. 오히려 세상의 부조리를 향하게 되지요. 탐관오리들의 횡포에 맞서기 위해 도적무리와 손을 잡고 불쌍한 백성들을 구제하는 '활빈당'을 만들게 됩니다. 길동은 도술로 만든 일곱 명의 가짜 홍길동과 함께 전국 팔도를 누비면서 정당하지 않게 백성의 것을 빼앗은 수령들의 재물을 탈취하여 백성들에게 나누어 줍니다. 나라는 홍길동을 잡기 위해 혈안이 되고, 백성들은 의적 홍길동을 추앙하게 됩니다. 어떤가요? 홍길동의 활빈당은 잘못된 사회를 바로잡는 의로운 길을 가고 있나요? 아니면 준엄한 국법을 어긴 범죄 길을 가고 있나요?

성경은 "분을 내어도 죄를 짓지 말며 해가 지도록 분을 품지 말고 마귀에게 틈을 주지 말라."(에베소서 4장 26~27절)고 교훈합니다. 분노는 인간이 가진 자연스러운 감정이지만, 그것이 우리의 행동을 지배하지 않도록 조심해야 합니다. 구약성서 창세기 4장에는 분노를 조절하지 못해 낭패를 본 사람이 있습니다. 바로 가인이라는 인물입니다. 가인은 하나님께서 그의 제사를 받지 않으시자 애꿎은 아벨을 향해 분노를 내뿜습니다. 아벨의 제사는 받으셨거든요. 하나님의 사랑에 차별이 있었던 것은 아니었습니다. 오히려 가인의 행동과 아벨의 행동에 차이가 있었던 것이었지요. 가인은 하나님의 응답 앞에 자신의 행위를 돌아보아야 했는데, 그러지 않았어요. 하나님 탓을 하며 분노를 삭이지 못해 결국 아벨을 죽입니다. 분노가 죄를 만들고 말았습니다.

그런데 성경에는 예수님의 분노에 관한 이야기도 있습니다.(요한복음 2장 12~25절) 유월절이 가까운 때에 예수님이 예루살렘으로 올라가셨고, 성전을 향하셨습니다. 성전 안에는 소와 양과 비둘기를 파는 사람들과 돈 바꾸는 사람들로 가득 차 있었습니다. 성전의 제사를 위해 파는 것들이었지만, 제사는 형식만 남고 자신의 이익을 위해 제사를 이용하는 사람들만 성전을 채운 것입니다. 예수님은 불같이 화를 내시며 장사하는 자들의 상을 모두 엎으셨습니다. 어떤가요? 두 가지 분노의 차이를 알 수 있나요? 나의 욕심을 위해 분노해서는 안 되며, 의롭지 않은 일에는 분노해야 합니다.

홍길동의 분노는 어떤 분노일까요? 조선시대 『홍길동전』의 독자들은 홍길동의 행동을 보며 통쾌했을 것입니다. 하지만 그 당시 통치자의 입장에서는 거의 국가적 재난 상황이었겠지요. 길동의 가족에게도 큰 어려움이 생깁니다. 길동을 잡기 위해 임금은 길동의 아버지 홍승상을 옥에 가두려 하지요. 형 길현에게는 길동을 잡아들이라는 명령을 합니다. 분노로 가득 찬 길동이 미처 생각지 못한 결과였을 것입니다.

홍길동의 분노 다스리기

길동은 아버지와 형을 위해 일부러 잡히고, 다시 도망가기를 반복합니다. 신출귀몰한 재주로 둔갑술을 하고, 잡혔다가 다시 도망가는 길동 때문에 임금님과 조정 대신들은 쩔쩔맵니다. 임금님은 잡을 수 없는 길동을 구슬리기 위해 회유책을 씁니다.

"이놈의 재주는 사람의 힘으로 어찌할 수가 없겠다. 민심이 이렇게 술렁이고 그 재주는 기특하니, 차라리 그 재주를 인정하여 조정에서 쓰는 것이 낫겠구나."

임금은 길동에게 현재의 국방부 장관과 같은 '병조판서'를 내주겠다 하며 길동을 부릅니다. 길동은 그제야 한이 풀린 듯 홀연히 조선을 떠납니다. 사내로 태어나 큰 꿈을 펼쳐보지도 못하고, 차별에 시달려야 했던 삶에서 벗어나 양반들도 쉽게 할 수 없는 '병조판서'라는 벼슬을 얻게 되었으니 그간 품었던 분노가 조금은 치유되었을 것입니다. 홍길동은 조선을 떠나 율도국이라는 곳에서 나라를 세우고 새로운 삶을 살게 됩니다.

홍길동의 분노에 찬 복수전을 따라가다 보면 문득문득 멈추어 생각하게 됩니다. 집을 떠나기 전 초낭의 계략에 죽을 뻔했을 때 길동은 이 못된 계획의 원흉인 초낭은 죽이지 않고 자객과 자신을 모함했던 관상녀만을 죽입니다. 초낭은 아버지의 첩이니 자신에게 의붓어미가 되고, 어미를 죽이는 것은 인륜을 저버리는 행동이라고 생각했기 때문입니다. 위기 상황에도 도리를 지키는 유교의 덕을 보여줍니다. 초낭은 인륜을 저버렸는데도 말입니다. 길동이 진정한 영웅이라는 것을 보여주려는 의도입니다.

길동은 분노를 '다스릴' 줄 아는 사람이었습니다. 다스린다는 것은 힘으로 누르는 것이 아니라 지혜로 조정하는 것입니다. 좋은 길을 갈 수 있게요. 길동은 자신의 분노를 내달리게 두지 않았습니다.

이야기의 흐름을 보면 길동은 신출귀몰하게 임금 앞에 나타나 임금을 처리할 수 있는 능력도 갖추고 있었습니다. 하지만 그런 선택도 하지 않습니다. 병조판서 자리도 마다하고 조선을 떠나 다른 곳에 나라를 세웁니다. 잘못된 일에 대해 뜻을 전했으니 자신의 할 일을 다 했다는 것 같습니다. 어린 길동을 천대했던 아버지와 형도 용서합니다. 아버지가 돌아가시자 자신은 불효자라며 가장 좋은 곳에 터를 잡아 모시고, 삼년상까지 치르지요.

길동의 행보는 조선 사회에 대한 문제의식에서 시작됩니다. 하지만 구체적인 개혁 방안이 나온 것도 아니고, 그 역시 왕이 되어 군림하고, 세 명의 부인을 얻는 등 조선시대 사회의 문제점을 해결하지 못한 채 이야기가 끝나느 한계도 보입니다. 하지만 분노를 멈출 수 있었기에 그를 진정 영웅이라 할 수 있지 않을까 생각하게 됩니다.

> "노하기를 더디하는 자는 용사보다 낫고, 자기의 마음을 다스리는 자는 성을 빼앗는 자보다 나으니라." (잠언 16장 32절)

셰익스피어의 작품 『맥베스』에서 주인공 맥베스는 권력에 대한 갈망과 분노로 살인을 저지르고 자신도 파멸에 이릅니다. 에밀리 브론테의 소설 『폭풍의 언덕』에서 히스클리프는 끝없는 분노로 자신을 학대한 이들에게 복수하며 괴롭히다 홀로 쓸쓸히 죽습니다. 모두 자신의 분노를 욕망으로 대치한 인물들입니다. 새드앤딩입니다. 그렇다면 해피엔딩을 위해 우리의 분노는 어떻게 다스려져야 할까요?

이스라엘의 왕 다윗은 시편을 통해 이렇게 말합니다.

나의 분노가 악을 만들 것이라는 사실을 늘 잊지 않고 마음에 새겨야겠습니다.

바울은 에베소서에서 이렇게 말합니다.

"분을 내어도 죄를 짓지 말며, 해가 지도록 분을 품지 말고 마귀에게 틈을 주지 말라." (에베소서 4장 26~27절)

분노를 가지지 않을 수 없지만, 죄로 달려가지 않도록 멈추라고 하네요. 해지기 전에 화난 마음을 풀라고 합니다. 오래 두면 마귀에게 틈을 주는 일이라고 경고하네요.

먼저 살았던 신앙 선배들의 충고가 강렬합니다. 분노가 우리를 덮칠 때, 뜨겁게 차오를 때, 아이스버킷 챌린지 하듯 서늘하게 식힐 수 있는 나만의 방법을 만들어야 할 듯 합니다.

Q 홍길동은 가족의 울타리 안에서 차별을 겪습니다. 일부다처제와 적서차별(적자와 서자의 차별)의 시대에 서자들의 설움이었습니다. 결국은 집을 나오게 되는 데요, 좋은 방법이었을까요?

Q 의적이라 불리는 홍길동의 '활빈당' 활동은 의로운 것인가요? 옳지 않은 것인가요?

Q 분노로 잘못된 판단을 한 사례는 우리 역사 속에도 많습니다. 다음 보기 중 하나를 선택하여 조사하며 분노의 위험성을 생각해 보세요.

> 이순신에게 분노한 원균 / 사도세자를 향한 영조의 분노 / 연산군의 갑자사회 분노 / 광주시민을 향한 전두환의 분노

Q 세상에는 의로운 분노를 드러내야 할 일들도 많이 있습니다. 잘못된 일을 바로잡을 때 우리는 예수님처럼 분노해야 합니다. 우리 사회에 우리가 분노해야 할 부조리는 어떤 것이 있나요?

Q 홍길동의 어머니는 작품 속에 등장하는 장면이 많지 않습니다. 영웅적 인물인 길동에게 집중하기 위한 장치일 것입니다. 책에서 알 수 없었던 어머니의 분노에 관해 생각해 봅시다. 또 어떻게 그 상황을 견뎌냈을지도 이야기 나눠 봅시다.

Q 만약 길동이 조선의 병조판서가 되었다면 어떤 일이 일어났을지 상상해서 이야기해 봅시다.

『완득이』 김려령, 창비

탄탄한 구성의 사회적 메시지를 담은 작품입니다. 완득이는 세상이 싫습니다. 가난한 집 아들로 태어난 것도, 늘 자신을 무시하는 행동을 하는 담임 선생님도 싫고, 어릴 때 자신을 떠난 엄마도 싫습니다. 자기 주변의 모든 것이 싫은 완득이는 싸움만 잘합니다. 가슴 속에 쌓인 분노를 털지 못해 늘 거친 말과 거친 행동을 합니다. 완득이의 마음에 원수 같은 담임 '똥주'는 이상한 사람입니다. 자신을 아껴주는 것인지, 괴롭히는 것인지 알 수가 없습니다. 그러나 담임 덕분에 완득이는 조금씩 인생을 배웁니다. 킥복싱을 배우면서 세상에 대한 분노를 다스리는 법을 배웁니다.

생각하는 질문 만들기

늘 화가 나 있는 완득이의 행동을 따라가며 상황마다 선택되는 완득이의 결정에 관해 생각해 보세요. 나라면 어떻게 했을지, 정의롭고 현명한 방법이 무엇인지 등을 생각해 볼 때 분노가 덮쳐오는 상황에서도 바르게 판단하는 지혜를 얻을 수 있습니다.

미움이 만드는
불행

『로미오와 줄리엣』, 윌리엄 셰익스피어, 민음사

#미움 #운명 #맹목적사랑 #대립과갈등

미움이 만드는
불행

『로미오와 줄리엣』, 윌리엄 셰익스피어, 민음사

　윌리엄 셰익스피어는 영국의 극작가이자 시인입니다. 그의 작품은 수많은 관객을 사로잡았으며, ‘셰익스피어를 인도와도 바꾸지 않겠다.’라고 할 만큼 영국인들의 자부심이 되었습니다. 그 중 『로미오와 줄리엣』은 극적인 구성과 아름다운 묘사로 청년 셰익스피어에게 큰 명성을 가져다준 작품입니다. 영화와 뮤지컬, 오페라, 발레 등 다양한 형태로 공연됐으며, 희극에 익숙하지 않은 독자들을 위해 소설화되어 발행되기도 한 작품입니다.

　작품의 내용은 ‘비극적 사랑’이라고 결론지어 말할 수 있지만, 비극을 만든 원인을 살펴보면 ‘미움’에 있음을 알 수 있습니다. 운명적 사랑에 빠진 로미오와 줄리엣이 그저 사랑할 수 있었다면 얼마나 좋았을까요? 하지만 이들의 집안은 서로 미워하는 사이였답니다.

　이탈리아 북부의 베로나. 이곳에 명성 높은 귀족 몬터규 가문과 캐풀릿 가문이 있습니다. 이 두 가문은 오래전부터 서로를 원수같이 여겼습니다. 집안의 하인들까지도 만나면 싸우는 사이였지요. 그 집 안의 '개'만 봐도 화가 난다고 할 정도였습니다. 서로가 왜 미워하는지도 알 수 없습니다. 작품의 시작부터 그저 미워서 싸우는 장면으로 시작되니까요. 급기야 베로나의 군주는 두 집 안의 잦은 싸움이 시민들의 평화와 안전을 위협한다고, 더 이상 가만두지 않겠다고 경고까지 합니다. 그러나 두 집안의 미움은 멈출 줄 모릅니다.

미움이라는 감정은 사실 생존 경쟁 속에서 발전해 온 감정입니다. 나와 내가 속한 집단에 해를 끼치는 쪽에 방어적 본능으로 날을 세우는 것입니다. 그런데 놀랍게도 미움이란 감정이 뇌과학적으로는 사랑과 비슷한 뇌 영역에서 활성화된다고 합니다. 이것은 미움이 아무 관심이 없는 타인에게 생기는 감정이 아니라는 것입니다. 사랑하는 사람에게 실망하거나 관계의 부딪힘이 있을 때 사랑은 미움으로 바뀝니다. 미움의 근원이 사랑이라면 미움의 짝꿍은 분노입니다. 미움은 종종 분노와 함께 나타납니다. 이렇게 몸집을 불린 감정은 중독성까지 장착하고 인간을 공격하지요.

오, 로미오 로미오, 그대는 왜 로미오인가요

비극적 사랑의 두 주인공, 로미오와 줄리엣은 뜻하지 않게 가면무도회에서 만나 첫눈에 반하게 됩니다. 로미오가 운명의 여인 줄리엣을 만나기 전에 그의 사촌 벤볼리오에게 하는 말은 이미 그의 비극적 사랑을 예견하는 듯합니다.

"사랑이란 한숨으로 만들어진 연기인데, 정화되면 연인 눈에 반짝이는 불길이고, 성질 내면 사랑의 눈물을 먹고 자라는 바다야. 그밖에 뭐겠어? 대단히 신중한 광기이고, 숨 막히는 쓸개즙, 썩지 않는 단것이지."

원수 집안에서 태어난 둘의 사랑이라니요. 비극이 예상되는 사랑이지만 그래서 더 간절해지기도 합니다.

로미오가 몬터규 집안이라는 것을 알게 된 줄리엣은 안타까움에 외칩니다.

"오, 로미오, 로미오, 왜 그대는 로미오인가요. 아버지를 부인하고, 그대 이름 거부해요. 그렇게 못 한다면 애인이란 맹세만 하세요. 그럼 난 더 이상 캐풀릿이 아니예요. (중략)

로미오, 그 이름을 벗어요, 그대와 상관없는 그 이름 대신에 나를 다 가지세요."

그녀의 외침에 로미오는 이렇게 답합니다.

"그 말 듣고 가질게요. 애인이라 불러만 준다면 다시 세례받은 뒤 앞으로는 절대로 로미오라 안 할게요."

둘은 다음날 비밀리에 로런스 수사의 성당에서 둘만의 결혼을 하고 맙니다. 그리고 바로 그날, 길거리 시비에 휘말린 로미오가 캐풀릿 부인의 조카 티볼트를 죽이게 됩니다. 로미오가 티볼트를 죽이게 된 것은 그의 친구 머큐소가 시비 끝에 티볼트에게 죽임을 당했기 때문이었습니다.

미움은 전염이 됩니다. 몬터규 가문이 아니었지만, 친구의 가문이 늘 미움과 비웃음을 당하는 것을 본 머큐소는 자신의 일처럼 흥분하고 싸움을 하게 된 것입니다. 미움은 미움을 낳고, 몸집을 불린 미움의 끝은 분노입니다. 분노의 끝은 파멸이고요.

성경에는 매우 충격적인 사랑 이야기가 있습니다.

야곱의 딸 디나 이야기를 해볼게요. 디나는 무척 아름다웠습니다. 야곱이 살던 곳과 이웃한 히위 족속 추장 세겜이 그녀에게 반하게 되지요. 힘으로 그녀를 끌어들여 강간합니다. 하지만 마음속으로 깊이 사랑하고 있었습니다. 야곱에게 가서 디나를 아내 삼게 해달라고 간청합니다. 결혼만 한다면 뭐든 다 주겠다고까지 합니다.

디나의 오빠였던 야곱의 아들들은 세겜에게 분노하고 미워합니다. 그의 진심 따위는 안중에도 없었지만, 복수를 위해 거짓말을 합니다. 이스라엘 백성과 같이 할례를 받으면 그렇게 하겠다고 하지요. 할례는 무엇인지 알고 있지요? 이스라엘 백성이 하나님의 백성임을 고백하는 의식 중 하나로 남자의 성기 포피를 제거하는 것을 말합니다. 디나를 얻기 위해 세겜과 그의 집안 남자들은 할례까지 받아들입니다. 의식을 치르고 아픔에 빠져 있을 때 야곱의 아들들이 성을 공격합니다. 세겜을 죽이고 디나를 집으로 데려오지요. 뿐만아니라 성의 모든 남자를 다 죽이고 그들의 아내들을 사로잡아 옵니다. 미움이 만든 끔찍한 결말입니다.

우리가 사는 현재에도 증오의 파괴력은 무섭게 나타납니다. 2차 세계대전 당시 유대인을 향한 히틀러의 지독한 미움은 유대인 대학살을 낳았고, 이스라엘의 건국으로 시작된 영토분쟁은 팔레스타인과 이스라엘의 반목을 낳았습니다. 우리나라 역시 서로에 대한 미움을 차곡차곡 쌓으며 서로를 적대시하는, 지구상 유일의 휴전 국가로 살아가고 있음을 부인할 수 없습니다.

미움 헤어지기

티볼트를 죽인 로미오는 베로나에서 추방당합니다. 줄리엣을 볼 수 없는 신세가 되었지요. 딸의 사랑을 알지 못하는 캐풀릿 부부는 줄리엣을 결혼시키려 합니다. 가문 좋고 돈도 많은 파리스와 결혼하지 않으려는 줄리엣을 이해할 수 없었습니다. 줄리엣은 로런스 수사에게로 달려갑니다. 환영받지 못한 사랑의 가장 큰 후원자 로런스 신부는 로미오와 줄리엣의 사랑을 지켜주는 것이 베로나의 평화를 지키고 이 지독한 미움을 끝맺는 의로운 일이라고 생각했습니다. 그의 의지는 단호했기에 줄리엣에게 방법을 제안합니다. 자신이 주는 약을 먹고 잠이 들면 죽은 자같이 온기와 숨결이 사라지게 될 것이고, 가족들이 묘지로 줄리엣을 옮길 때, 로미오에게 편지를 보낼 것이라고 합니다. 편지를 받은 로미오가 달려올 때쯤엔 줄리엣의 숨결이 돌아오고, 둘은 만토바로 떠나게 될 것이라고 계획을 말하지요.

그러나 로런스 신부의 계획은 수포로 돌아갑니다. 만토바에 역병이 돌아 길이 막혀 편지는 전해지지 못했고, 로미오는 속사정을 모른 채 소문만 들은 약장수에게 줄리엣의 죽음을 전해 듣게 되지요. 로미오는 줄리엣에게 달려가 그녀의 곁에서 독약을 마십니다. 죽음을 맞지요. 신부가 달려와 막기 전에 로미오는 죽고 줄리엣이 깨어납니다. 로미오의 죽음을 보고 절망한 줄리엣 마저 칼로 목숨을 끊고 비극적 사랑이 끝납니다.

둘의 사랑은 안타깝게 끝나지만 신부가 기대했던 대로 두 집안은 화해합니다. 이 엄청난 난리를 겪으며 베로나가 시끌벅적하자, 베로나 군주는 외칩니다.

"이 원수들 어딨느냐? 캐풀릿, 몬터규. 하늘이 당신들의 기쁨을 사랑으로 죽였으니 당신들의 미움에 어떤 천벌을 내렸는지 보아라."

둘의 사랑 덕분에 두 가문에 극적인 화해가 이루어졌다면 얼마나 좋을까요? 비극 후에나 깨닫게 되는 미움의 부질없음이라니요! 왜 인간은 문제가 생기기 전에는 깨닫지 못하는 걸까요? 로미오와 줄리엣의 사랑은 격정적입니다. 자신들의 삶을 비극의 끝으로 몰고 갈 정도로 이성적이지 못했습니다. 사실 둘의 사랑이 들판을 달리는 야생마 같았던 이유는 두 가문의 미움이 중심에 있었기 때문입니다. 미움이 만든 절망이 차마 희망을 생각하지도, 불러들이지도 못한 것이지요.

몬터규 가문과 캐풀릿 가문은 이야기의 마지막 부분에서 극적으로 화해하고, 자신들의 어리석음을 내려놓습니다. 많은 사람의 희생 뒤에야 베로나에 평화가 왔네요. 부끄러운 일입니다.

성경에는 미움을 사랑으로 극복한 이야기도 있습니다. 이스라엘의 열두 지파가 된, 야곱의 열두 아들 중, 요셉의 이야기입니다.

야곱이 누군지 기억하나요? 그는 하나님의 축복인 장자권이 탐이 나서 형을 속이고, 아버지를 속이고 축복을 가로챈 사람입니다. 그리고 분노한 형을 피해 외삼촌이 사는 곳으로 달아난 사람이지요. 야곱은 그곳에서 일을 하며 형의 분노가 가라앉을 날을 기다립니다. 그런데 그곳에서 외삼촌 라반의 둘째 딸 라헬을 사랑하게 됩니다. 라반은 일 잘하는 야곱을 써먹기 위해 자신을 위해 7년 간 일하면 라헬을 주겠다고 합니다. 야곱은 7년을 열심히 일하지요. 그런데 7년 후 라반은 그의 언니 레아를 야곱에게 줍니다. 먼저 언니인 레아와 결혼하고, 7년을 더 일하면 라헬을 주겠다고 말을 바꿉니다. 하지만 야곱은 라헬을 지극히 사랑했기에 다시 7년을 일합니다. 그리고 라헬을 얻습니다.

이렇게 사랑했던 라헬이 계속 아이를 낳지 못하다가 드디어 태어난 아이가 '요셉'입니다. 요셉은 먼저 태어난 형들에게 미움을 받습니다. 야곱에게 사랑받지 못했던 레아가 낳은 아들들이 야곱이 요셉만 사랑하는 것에 화가 나 아버지 몰래 요셉을 노예로 팔고, 짐승에게 죽었다고 거짓말을 합니다. 애굽으로 팔려 간 요셉은 갖은 고생을 하지만 그의 신실함과 하나님의 은혜로 애굽의 총리 대신까지 됩니다.

요셉이 형들에 대한 복수의 칼날을 갈았다면 이스라엘은 지금 없었을 것입니다. 그러나 요셉은 용서를 선택합니다. 흉년 때문에 애굽으로 양식을 구하러 온 형들을 만나게 되었을 때 이렇게 말합니다.

> "당신들이 나를 이곳에 팔았다고 해서 근심하지 마소서. 한탄하지 마소서. 하나님이 생명을 구원하시려고 나를 당신들보다 먼저 보내셨나이다."

요셉도 형들을 처음 만나게 되었을 때 복잡한 심정이었을 것입니다. 종으로 팔려와 했던 온갖 고생들이 떠오르고, 사랑하는 아버지 생각도 났겠지요. 그래서 혼자 숨어서 우는 상면노 나옵니다. 하시만 요셉은 그 무잇보다 하나님의 뜻을 생각했습니다. 우리의 모든 아픔도 슬픔도, 우리를 힘들게 하는 그 모든 것도 갚으시는 분은 하나님이시니까요.

요셉에게서 미움과 헤어지는 법을 배워야겠습니다. 누구의 탓도 하지 않고, 오직 하나님 한 분만 바라보며 하나님의 정의를, 하나님의 역사하심을 믿는 믿음으로 사는 것입니다.

Q 몬터규 가문과 캐퓰릿 가문에 특별한 사건이 이어진 것은 아니지만 서로의 집안을 원수같이 여기며 미움을 쌓아갑니다. 우리 사회에서 이유 없는 반목과 질시를 거듭하는 예는 어떤 것이 있을까요?

Q 로런스 수사(수사는 신부의 다른 호칭입니다)는 로미오와 줄리엣의 사랑을 긍정적으로 보는 단 한 명의 후원자입니다. 하지만 그의 노력은 실패합니다. 그가 계획한 작전의 문제점은 무엇이었을까요?

Q 두 가문의 미움은 베로나 사람들을 불안에 떨게 하고 엉뚱한 사람들을 죽음에 이르게 합니다. '고래 싸움에 새우등 터진다.'는 속담처럼 우리 사회에서 말도 안 되는 이유로 억울한 일을 당한 예는 무엇이 있을까요?

Q 로미오와 줄리엣의 사랑은 타인이 만든 불행으로 여겨져 왔습니다. 하지만 둘의 행동에 미숙한 점은 없었을까요? 로미오와 줄리엣이 한 행동의 문제점은 무엇인가요?

Q 소설이나 드라마를 보면 사랑이란 운명적인 만남으로 이루어지는 것 같습니다. 정말 그럴까요? 사랑은 운명적인 것일까요, 만들어 가는 것일까요?

Q 가정, 학교, 학원, 친구 모임 등 우리가 속한 다양한 공동체 안에서 우리는 미움의 현장을 자주 경험합니다. 미움이 일어난 상황에서 그리스도인의 올바른 자세는 무엇일까요?

『미움』 조원희 글·그림, 만만한책방

모든 세대가 읽을 수 있는 그림책을 그리는 조원희 작가의 작품입니다. 그림책을 읽을 때는 글만이 아니라 그림을 꼼꼼히 바라보고 내 마음에 생기는 변화에 주목해야 합니다. 그림은 독자의 마음 상태에 따라 이야기를 각자의 해석으로 다가오게 하니까요.

 그림책 『미움』은 어느 날 이유 없이 한 아이로부터 "너 같은 거 꼴도 보기 싫어."라는 말을 들은 아이가 느끼는 감정을 세밀하게 표현하고 있습니다. 부정 감정으로 분류되는 미움이 우리 몸과 마음을 어떻게 변화시키는지를 보게 됩니다. 표지 그림 속 아이의 표정과 목에 걸린 가시만으로도 미움이 우리에게 어떤 영향을 미치는지 바로 느낄 수 있습니다.

생각하는 질문 만들기

이야기의 주인공은 자신만의 방법으로 미움을 극복합니다. 하지만 그 방법이 정답이라고 할 수 없어요. 주인공이 미움을 다루는 방법에 관해 토론해 보세요. 그리고 나에게 가장 적합한 미움을 다루는 방법은 무엇일지 스스로에게 질문해 보세요.

불안한 마음과
마주하기

『불편한 편의점』, 김호연, 나무옆의자

#불편한마음 #불안 #행복찾기 #걱정

불안한 마음과
마주하기

'불안'이라는 감정은 대체로 딱 떨어지는 원인을 찾을 수가 없습니다. 어떤 사람에게는 불안한 일이 또 어떤 사람에겐 아무것도 아닌 일이 될 수 있고, 같은 상황이라도 경험이 쌓이다 보면 처음처럼 불안하지 않을 수도 있거든요. 그러니까 불안은 주로 상황을 과잉 해석하여 안정에서 벗어난 감정이라 할 수 있지요. 이유가 불분명하고 해결 방법도 딱히 없으니 쫓아내기도 힘든 것이 불안이라는 감정입니다. 갑자기 다가와 온 마음을 사로잡는 아주 불편하고 심술 맞은 감정입니다.

하지만 불안의 긍정적 요소도 많습니다. 잠재적 위험을 회피하게 하여 더 안전한 행동을 하게 합니다. 통계적으로 불안증 환자들은 사고에 의한 사망률이 매우 낮다고 합니다. 그리고 불안을 해소하기 위해 인간은 공동체를 만들었습니다. 함께 모여 힘을 키우면 불안을 잠재울 수 있었으니까요. 또 인간은 불안을 극복하기 위해 학문적 탐구를 시작했습니다. "왜 아플까?", "왜 이토록

비가 쏟아질까?”, “왜 죽을까?”, “왜 싸울까?” 불안이 만든 수많은 질문을 해결하기 위해 탐구하고 연구하고 철학하며 인문학과 과학이 발전해 왔다고 할 수 있습니다. 그리고 인간은 인간으로서 절대 이룰 수 없는 일들을 깨닫게 되는 순간, ‘신’의 존재를 생각하게 됩니다. 신께 불안을 맡기고 기도하게 되지요. 불안은 신을 생각하는 마음 ‘신심’의 시작입니다.

『불편한 편의점』은 사실 ‘불안’이 아니라 ‘행복’에 관한 이야기입니다. 행복을 찾아가는 주인공들의 행적을 따라가다 보면 책을 읽는 독자들까지 행복해진다는 힐링 소설이지요. 하지만 등장인물들의 삶을 하나하나 곱씹다 보면 그들 안에 있는 불안을 볼 수 있습니다. 불안 때문에 일어난 일들이 어떻게 극복되는지를 보면 ‘불안’의 필요없음과 필요함을 동시에 느낄 수 있습니다.

독고, 그리고 염명숙 여사

‘독고’, 그는 서울역에서 노숙 생활을 하던 남자입니다. 알코올성 치매로 과거를 기억하지 못하는 데다 말도 어눌하고 행동도 곰 같이 굼뜹니다. 그런데 이 사람, 첫 장면부터 캐릭터가 아주 독특합니다. 돈 한 푼 없는 노숙자인데 지갑을 주워서 필사적으로 주인에게 돌려주려고 합니다. 다른 노숙자들이 지갑을 뺏기 위해 그를 때리고 집단으로 괴롭히지만 맞으면서도 꿋꿋이 지갑을 지킵니다. 덕분에 지갑의 주인 염여사님께 발탁되어 편의점에서 일하게 되지요.

노숙자답지 않게 경우가 바르던 그는 편의점에서도 놀라운 능력을 보여줍니다. 편의점에 오는 사람들의 이야기를 들어주고, 마음을 도닥이며 편의점을 동네 사랑방같이 따뜻한 곳으로 만듭니다. 처음 독고를 만난 편의점의 손님들은 모두 그를 '불편'해 합니다. 덩치가 크고 말도 어눌하고 행동도 느린 그에게 불편감을 느낀 것입니다. 우리들 대부분은 알지 못하는 것에 불안감을 느낍니다. 알지 못하는 사람에게도 마찬가지지요. 게다가 그 사람이 호감형이 아니면 더욱 그렇습니다. '이 사람이 나에게 뭔가 해가 될 행동은 하지 않을까?' 노심초사하게 됩니다. 등장인물들 역시 독고에게 그런 감정을 느꼈을 것입니다. 하지만 이 불안감은 '진심'이라는 감정에 녹아 서서히 사라집니다. 편견과 자기방어에서 벗어나 마음을 열면 진심이 보이고, 진심을 보면 불분명함에서 느끼는 불안감은 사라지지요.

　그런데 독고를 자기 편의점에서 일하게 해준 염명숙 여사는 그를 보면서 불안하지 않았을까요? 불안했을 것입니다. 아마도 불안을 이기게 해준 것은 사람에 대한 믿음이었을 것입니다. 여담이지만 염여사는 이야기 속에서 열심히 교회를 섬기는 권사님입니다. 이 부분에서 좀 자랑스럽더라구요. 빛이 되는 삶을 사는 크리스천을 보는 것 같아서요. 아무튼 염여사는 불안을 떨치고 그를 믿어 주었습니다. 편견을 걷고, 독고의 진심을 보았나 봅니다. 덕분에 독고는 새 삶을 얻었습니다. 하지만 이렇게 멋진 염여사도 불안에 떠는 것이 있었어요. 바로 아들 강만식의 미래였답니다. 계속 사업과 투자에 실패하고도 염여사의 편의점을 팔아치워 사업자금으로 쓰려고 호시탐탐 노리는 인물입니다. 염여사의 마음에 들어찬 불안을 독고가 발견합니다. 이렇게 말해요. “겁나셨구나. 아들이⋯ 아버지처럼 될까 봐.” 그리고 진심 어린 조언을 합니다. 자신의 말을 들어준 것처럼 아들의 말도 좀 들어보라구요. 왜 그랬는지 물어보고요.

염여사의 불안은 독고를 통해 치유됩니다. 아들과 마음을 털어놓고 이야기하며 서로를 이해하게 되지요. 사람과 사람의 관계에서 '진심'보다 불안을 녹이는 것은 없답니다.

성경 속 인물 중 '바울'이 떠오르네요. 그의 이름은 원래 사울이었으며, 예수님을 믿는 사람들을 핍박하는 자였습니다. 당시 이스라엘은 로마의 식민지였고, 그는 로마 시민권을 가진 권력 있는 유대인 집안의 사람이었습니다. 배울 만큼 배워 지적 자부심도 넘쳤구요. 유대의 권세자들이 자기들이 죽인 예수 그리스도를 인정할 수 없었던 것처럼 그 역시 예수님을 메시야로 인정할 수 없었을 것입니다. 예수를 믿는 사람들은 모두 사회를 어지럽히는 반란군들처럼 보였을 것입니다. 사울은 예수님을 믿는 사람들을 죽이러 다니는 자였고, 스데반 집사가 군중들의 돌에 맞아 죽는 순간을 바라보던 자였습니다.

그런 그가 다메섹으로 가는 길에서 예수님을 만납니다. 살아계신 예수님을 경험하고 전도자 바울로 다시 태어납니다. 전 세계로 복음이 퍼져나가도록 전도여행을 시작합니다. 최초의 선교사로서 역할을 감당한 것입니다. 그가 가진 열정과 자부심은 대단했습니다. 그는 자신의 삶을 되돌아보며 이렇게 말합니다.

"내가 달려갈 길과 주 예수께 받은 사명 곧 하나님의 은혜의 복음을 증언하는 일을 마치려 함에는 나의 생명조차 조금도 귀한 것으로 여기지 아니하노라." (사도행전 20장 24절)

이런 열정 넘치는 바울이 싫어한 사람이 있었습니다. 바울의 신실한 동역자 바나바의 조카였던 '마가'입니다. 그는 바울의 1차 선교 여행 때 삼촌 바나바와 함께 동행하지만 도중에 고향으로 가버립니다. 당시 마가는 젊었고, 혈기 왕성했기에, 전도사로서의 희생적 삶이 힘들었나 봅니다. 바울은 이런 마가에게 실망했고 신뢰할 수 없었는데, 2차 선교 여행 때 바나바가 다시 마가와 함께 가자고 하니 심하게 다투고 바나바와도 결별하게 되지요. 바울에게 마가는 믿지 못할 녀석이었나 봅니다. 그런 녀석과 한 치 앞도 알 수 없는 전도 여행을 함께 가는 것이 불안했겠지요.

하지만 마가는 과거를 뉘우치는 만큼 신실하게 일을

감당합니다. 그리고, 기어이 바울의 신뢰를 얻어냅니다. 10여 년 후 바울이 로마 옥중에 있을 때 그는 마가를 인정하면서 골로새 성도들에게 기꺼이 맞아줄 것을 부탁하기도 합니다.(골로새서 4장) 마가의 '진심'이 바울의 '불안'을 녹인 것입니다.

공시생 시현과 극작가 인경

염여사의 편의점에는 밤 근무를 하는 독고 외에 몇 명의 알바생이 더 있습니다. 대학을 졸업하고 9급 공무원 준비를 하는 공시생 시현, 그는 오후 시간대 편의점 담당자입니다. 처음 일을 하는 독고에게 똑 부러지게 일을 가르쳐주는 인물이지요. 센스 있고 상냥해서 이 편의점의 에이스라고 할 수 있습니다. 그녀는 편의점 일에 익숙하고 잘하기도 하는데 공무원이 되기 위해 노력해야 하는 현실에 갈등을 느끼기도 합니다. 현실의 불완전함에 '불안'을 느끼는 인물입니다.

우리 사회에는 시현과 같은 불안감을 가진 사람들이 아주 많습니다. 언제 직장에서 잘릴지 모르는 비정규직, 파트타임 알바생, 번듯한 직장이 필요한 취준생, 입시를 준비하는 학생들…이들은 모두 현실이 불완전하다고 생각하기에 미래를 준비하지만, 미래의 불확실성 때문에 불안한 사람들입니다.

이야기 속, 정인경 역시 그런 인물입니다. 전직 대학로 배우였지만 극작가로 새로운 길을 갑니다. 일이 잘 풀렸으면 좋겠지만 잘 안돼서 불안하지요. 인경은 '이번이 마지막 글이다. 안 되면 절필한다.'는 각오를 하고 있습니다. 그래서 더 불안합니다.

이 두 사람의 불안은 우연히 해결됩니다. 시현은 독고의 충고대로 포스기 다루는 영상을 찍어 유튜브에 올렸다가 다른 편의점에서 점장으로 스카웃 제의가 들어와 공무원 시험이 아닌 취업을 하게 됩니다. 인경은 편의점 건너편 빌라에 살기 때문에 불편한 편의점이 불편하면서도 자주 들리게 되는데, 여기서 독고라는 독특한 캐릭터와 마주하게 되고, 그를 모티브로 글을 써서 성공하게 됩니다. 불안은 가끔 이렇게 그저 일상을 열심히 살면서 해결되기도 합니다.

선숙과 경만

오선숙은 편의점에서 오전 시간대 알바를 하는 50대 여성입니다. 생계가 그녀에게 달려있기에 독고의 존재가 좀 불안합니다. 굴러온 돌이 박힌 돌을 빼낼까 봐 경계를 하지요. 경만은 40대 초반의 남성으로 의료기기 영업사원입니다. 쌍둥이 딸들과 아내를 위해 성실하게 살아왔지만, 늘 몸과 마음이 지쳐있어요. 그는 퇴근과 함께 편의점 참참참 세트(참깨라면+참치김밥+참이슬)를 먹어야만 피로가 풀리고 마음에 안정이 옵니다.

이 두 사람의 공통점은 무엇일까요? '소외감'입니다. 이들의 불안은 자신의 정체성을 잃어버린 것에서 왔습니다. 선숙의 남편은 가출하여 행방불명된지 오래입니다. 의지하던 외아들마저 대기업을 그만두고 주식으로 재산을 탕진하고 게임에 빠져 삽니다. 그녀는 '사람은 믿지 않는다'고 말합니다. 오히려 자신이 키우는 개 두 마리를 믿는다구요, 그가 사랑했던 사람들, 그의 존재 의미를 보여줄 사람들이 그와 멀어졌기에 그는 세상으로부터 소외감을 느낄 수밖에 없습니다. 오직 염여사와 함께 다니는 교회와 편의점에서 실낱같은 존재 가치를 느낄 뿐입니다. 그러니 자신의 자리를 위협할지 모르는 독고를 싫어할 수밖에 없습니다.

경만은 가족들을 위해 살지만, 직장에서도 가정에서도 자신의 가치를 느낄 수 없는 전형적인 직장인 캐릭터입니다. 그의 소외감은 프란츠 카프카의 『변신』에 등장하는 그레고르 잠자(벌레로 변한 주인공)의 소외감과 닮았습니다. 사회라는 거대한 기계 속에서 쓸모없으면 곧장 교체되는 부품처럼 사용되는 현대인의 소외감은 안타깝지만 누구나 한 번쯤은 경험할 수밖에 없는 감정입니다.

소외감은 먼저 자존감을 떨어뜨린다고 합니다. 자신의 삶이 타인에 비해 못나서 그렇다고 여기는 것이지요. 자존감이 떨어지면 우울감과 불안감이 동시에 덮친다고 합니다. 이 사회에서 살아남을 수 없을 것만 같아 불안한 것입니다.

선숙은 아들과 소통해 보라는 독고의 충고를 듣고 아들과 이야기를 나누기 시작하며 불안에서 벗어납니다. 경만은 딸들이 열심히 돈 버는 아빠를 위해 1+1 초콜릿만 산다는 이야기를 듣고 힘을 내지요. 그러니까 소외감

과 함께 오는 불안은 소중한 사람을 찾으므로 해결되었
네요.

> "내 영혼아, 네가 어찌하여 낙심하며, 어찌하여 내
> 속에서 불안해 하는가, 너는 하나님께 소망을 두라. 나는
> 그가 나타나 도우심으로 말미암아 내 하나님을 여전히
> 찬송하리로라." (시편 42편 11절)

참 위로가 되는 말씀입니다. 세상은 늘 이런저런 이
유로 우리를 불안에 떨게 하지만, 우리의 도우심이 하나
님께 있으므로 우리의 불안은 쓸모없는 것이 되어 버립
니다.

> "아무것도 염려하지 말고 다만 모든 일에 기도와 간구로,
> 너희 구할 것을 감사함으로 하나님께 아뢰라. 그리하면 모든
> 지각에 뛰어난 하나님의 평강이 그리스도 예수 안에서 너희
> 마음과 생각을 지키시리라." (빌립보서 4장 6~7절)

Q 이야기 속 인물들을 살펴보면 세대 별로 고민거리가 조금 다른 듯합니다. 연령을 나누어 연령별 고민과 불안이 어떤 것들이 있을지 생각해 보세요. 아래에 연령 나눔 예를 좀 줄까요?

· 10대 청소년:

· 20~30대 청년:

· 40~60대 중년:

· 70대 이후 노년:

Q 염여사가 독고를 편의점에서 일하게 해주는 모습은 독자들에게 놀라움을 줍니다. 이런 행동에 관해 어떻게 생각하나요? 염여사를 칭찬하는 쪽과 잘못을 꼬집는 쪽으로 나누어 토론해 보세요.

Q 서현은 큰 편의점 스카웃 제의를 받고 공시생을 포기하고 취업을 하게 됩니다. 이 결정에 관해 어떻게 생각하나요? 토론해 보세요.

Q 작가가 편의점이라는 공간을 이야기의 배경으로 선택한 이유는
무엇일까요?

Q 불편한 편의점의 진짜 이름은 'ALWAYS' 편의점입니다. 작가는
왜 편의점 이름을 '항상'이라고 지은 걸까요?

Q 불안에 관한 성경 말씀을 찾아보세요. 그 말씀이 어떤 위로를
주는지 이야기 나눠 보세요.

함께 읽으면 좋은 책

『불안의 주파수』 구병모 외 6명, 문학동네

우리 청소년 문학을 이끌어 온 대표적인 작가들이 '불안'이란 주제로 일곱 가지 이야기를 담아냈습니다. 이야기의 내용은 다소 실험적이고 기괴하게도 느껴집니다. 이러한 강렬한 접근은 불안에 관한 정답이 아니라 질문을 던져준다는 점에서 의미 있습니다. 또 소설을 통해 우리가 받을 수 있는 선물은 불안이 단지 부정적인 감정은 아니라는 인식입니다. 하지만 또 통제되어야 할 감정이라는 것도 느끼게 됩니다.

이 책을 읽다 보면 불안의 감정을 단단히 딛고 디딤돌을 만드는 순간이 '성장'의 순간임을 알게 될 것입니다.

생각하는 질문 만들기

이야기 속에 주인공이 느끼는 불안이 어디서 오는지 주인공의 삶으로 들어가 느껴보세요. 나의 불안과 어떤 비슷한 점이 있는지, 또 어떤 다른 점이 있는지도 돌아보세요. 이야기 속에서 해결할 수 없었던 문제에 관한 질문들을 만들어 이야기 나눠 보세요.

3장

덕목 쌓기

Building Virtues

절제,
멈출 줄 아는 용기

『위대한 개츠비』, F. 스콧 피츠제럴드, 푸른숲주니어

#절제 #엇나간사랑 #욕망 #집착

"운동장에서 달음질하는 자들이 다 달릴지라도 오직 상을 받는 사람은 한 사람인 줄을 너희가 알지 못하느냐 너희도 상을 받도록 이와 같이 달음질하라. 이기기를 다투는 자마다 모든 일에 절제하나니 그들은 썩을 승리자의 관을 얻고자 하되 우리는 썩지 아니할 것을 얻고자 하노라." (고린도전서 9장 25절)

전도자 바울은 고린도 교인들에게 이렇게 교훈을 던집니다. "달려라! 단, 썩을 것을 위해서가 아니라 썩지 않을 것을 향해!" 바울의 삶은 정말 달리는 삶이었습니다. 그는 예수님을 만난 이후 그에게 주어진 어느 한순간도 허투루 사용하지 않았습니다. 그는 자신의 시간을 돌아보며 항상 자신 있게 최선을 다했노라고 말합니다. "나는 달음질하기를 향방 없는 것 같이 아니하고 싸우기를 허공을 치는 것 같이 아니하며"(고린도전서 9장 26절) 그런데 그가 이렇게 달리는 이유는 우리가 앞에서 돌아보았던 인간이 원초적으로 가진 '욕망' 때문이 아니라 예수 그리스도를 잃지 않기 위함이었다고 고백합니다.

> "내가 내 몸을 쳐 복종하게 함은 내가 남에게 전파한
> 후에 자신이 도리어 버림을 당할까 두려워함이로다."
> (고린도전서 9장 27절)

바울은 우리 인간이 얼마나 욕망에 흔들리기 쉽고, 나약한 존재인지를 알고 있었습니다. 그는 목표를 향해 달리는 열정맨이었을 뿐 아니라, 올바른 방향을 아는 지혜로운 자였습니다.

그런데 열정이 넘치는 삶을 살았지만, 삶의 방향을 제대로 잡지 못해 슬픈 결말을 맞을 수밖에 없었던 남자가 있습니다. 그는 '개츠비'입니다.

개츠비에 관하여

『위대한 개츠비』의 시대적 배경은 1922년입니다. 공간적 배경은 미국의 뉴욕시와 롱아일랜드입니다. 이 시기에 미국은 유례없는 경제적 번영을 누리고 있었습니다. 제1차 세계대전은 유럽을 초토화시킵니다. 패전국인 독일과 오스트리아는 전쟁 배상금으로 경제적 어려움에

처하고, 러시아는 볼세비키 혁명으로 혼란에 빠졌지요. 승전국인 영국과 프랑스도 천문학적 손실과 재건 비용에 시달릴 수밖에 없었습니다. 반면에 미국은 본토가 전쟁 피해를 입지 않은 데다, 전쟁특수까지 누리면서 세계 경제의 중심지으로 떠오른 것입니다. 더불어 포드 등, 미국 자동차 산업의 발전은 기타 제조업의 혁신적 발전까지 가져왔습니다. 『위대한 개츠비』에 등장하는 뉴욕의 풍경, 자동차들의 질주, 백만장자들의 사치와 향락은 미국의 1920년대를 오롯이 반영한 모습입니다. 부자들은 부의 매력에 흠뻑 빠지고, 사회는 황금만능주의로 인한 도덕성의 실종으로 비틀거렸습니다.

개츠비는 이 시대의 중심에서 벼락부자의 행운을 거머쥔 자입니다. 그는 누가 봐도 열정적인 삶을 산 사람입니다. 아무 것도 가진 것 없던 그가 억만장자가 되어 돌아왔으니까요. 아무리 시류를 잘 탔다고 해도 노력없는 결과는 없는 것이 세상이니까요. 그러나 이야기의 화자인 '닉 캐러웨이'는 개츠비의 삶에 '연민'을 느낍니다. 개츠비를 보며 주위 사람들은 겉으로만 박수칠 뿐 조롱의 시선을 보내지만, 그는 끝까지 개츠비를 지지하고 돕습니다.

소설 속 인물들은 그 시대의 사회적 계층을 선명하게 보여줍니다. '올드머니'라 불리는 부자들은 명문가로 불리며 전통적인 권력을 가진 사람들입니다. 상류층이라는 자부심을 가진 사람들이지요. 소설 속 톰 부캐넌이 이 계층을 대표합니다. '뉴머니'라 불리는 부자들은 신흥 부자 즉, 대대로 상류층을 형성한 명문가가 아니라 1920년대 미국에 내려진 금주령의 틈바구니에서 '밀주'로 엄청난 돈을 벌거나, 전쟁의 와중에 각종 불법적인 일들로 벼락부자가 된 사람들을 말합니다. 개츠비는 이쪽이지요. 개츠비가 부에 매달리며 막대한 재산을 모은 이유는 오직 '데이지' 때문이었습니다. 사랑하는 그녀가 돈 때문에 자신을 떠났다고 생각했기 때문입니다.

개츠비는 엄청난 돈을 번 후, 웨스트 에그의 부자들이 사는 곳으로 돌아옵니다. 데이지의 집이 딱 보이는 맞은편 동네에 집을 사서 매일 같이 향락의 파티를 벌이며 돈을 물 쓰듯 씁니다. 데이지를 기다리고 있는 것입니다. 개츠비는 이미 톰의 아내가 된 데이지를 잊지 못합니다. 그녀가 자신을 사랑하지만 돈 때문에 불행한 선택을 했다고 생각하며 이제 자신이 부자가 되었으니 돌아올 것이라고 굳게 믿고 있습니다. 그의 행동을 보면 '이성'이 발동하지 않는 것 같은 순간들이 있습니다. 그러나 작가 피츠제럴드는 오히려 개츠비를 순수한 사랑에 빠진 자, 데이지의 남자 톰을 추한 욕망에 빠진 자로 그립니다. 그런 시선을 닉의 말을 빌려 보여주지요. 닉은 개츠비의 사랑을 지지하고, 그의 인생을 안타까워합니다. 돈과 사회적 명망 때문에 톰을 선택했지만, 언제나 그의 거만한 태도에 사랑을 느끼지 못했던 데이지는 개츠비가 나타나자 흔들립니다. 흔들리는 그녀를 바라보며 개츠비의 마음은 요동칩니다. 그는 결국 멈추지 못하고 거침없이 어둠 속으로 빠져듭니다. 데이지에게 돌아오라고 간절히 매달리며 그를 위해 인생 전부를 겁니다. 그러나 결국 데이지는 돌아오지 못합니다.

개츠비의 삶은 결코 존경할만하고, 성공한 삶이라 할 수 없지만, 닉은 그의 삶을 '위대'하다는 말로 칭송합니다. 사랑을 향한 그의 순수한 열정은 돈으로 사랑까지 사는 세대에 비하면 위대한 삶이었다는 뜻일까요? 그러나 그의 삶은 '썩을 승리자의 관'(고린도전서 9:25)을 향해 달리는 삶이었습니다. '절제'를 잃은 삶이었지요. 성경은 성령 안에 사는 것이 이런 것이라고 말합니다.

이 말씀은 우리에게 절제가 단순히 억제하는 것이 아니라 성령을 통해 우리 안에 맺히는 열매라는 것을 알려줍니다. 우리는 '절제'를 통해 하나님의 뜻을 펼치고 우리 자신와 타인에게 유익을 줄 수 있게 됩니다. 그렇다면 절제란 구체적으로 무엇이며 무엇을 절제해야 하는 것일까요?

절제란 하나님의 사람으로 살아가는 우리에게 매우 중요한 덕목 중 하나입니다. 그리스도인으로서 하나님께서 주신 은혜와 자유 안에서 자신의 욕망이나 충동을 통제하는 것이지요. 절제해야 하는 영역은 매우 다양합니다. 물질적인 것이 될 수도 있지만, 감정이나 언어, 대인관계 등에서도 절제는 필요합니다. 절제는 인간과 인간의 관계뿐만 아니라, 하나님과 우리의 관계를 성숙하게 만드는 덕목입니다.

이렇게 말하니 '절제'라는 덕목은 앞서 보았던 '욕심'이라는 감정과 맞닿아 있네요. 욕심이라는 감정이 활개를 치기 전에 절제가 등장하여 '워~워~~'진정시켜 주어야 한다는 것 같습니다. 개츠비에겐 '절제'가 작동하지 못했습니다. 시대의 강력한 욕망이 개츠비의 욕망을 부추기고 절제를 잃어버리게 했기에, 돈을 물 쓰듯 쓰며 부를 자랑했고, 사랑 역시 도덕적 절제를 잃고 타인의 여인을 향하게 되었습니다. 절제 없는 그의 달음질은 파멸이 예상된 달음질이었습니다.

잃어버린 세대

'잃어버린 세대(Lost Generation)'는 제1차 세계대전 후에 물질만능과 실업의 시대에 환멸을 느끼고, 쾌락적이고 허무한 삶을 즐긴 미국의 청년 세대를 뜻합니다. 특히 세계 대전을 몸소 경험한 작가들은 전쟁 속에서 인간 존재에 대해 깊은 회의를 품게 됩니다. 더불어 물질만능의 사회는 그들을 더욱 상실감에 빠지게 하는데요, 윗세대에게는 사회진출의 기회를 빼앗기고, 다음 세대

와는 생존 경쟁을 벌여야 하는 정신적 압박감을 견뎌내
야 하는 세대의 방황을 문학으로 보여주게 됩니다.

잃어버린 세대의 대표적인 작가는 『노인과 바다』,
『누구를 위하여 종은 울리나』의 저자 헤밍웨이,『위대한
개츠비』,『밤은 부드럽다』의 저자 스콧 피츠제럴드라고
일컬어집니다. 특히 피츠제럴드는 잃어버린 세대의 특
징을 가장 잘 묘사한 작가로 알려져 있습니다.

『위대한 개츠비』의 등장인물 닉과 개츠비는 모두 세
계 대전에 참전합니다. 닉은 전쟁에서 돌아와서도 좀처
럼 안정을 찾지 못하지요. 그의 고향 미국 중서부 지방
은 활기찬 세계의 중심지가 아니라 남루한 변두리로 전
락해 있었기에 동부로 가서 증권업을 배우기로 마음먹
습니다. 그는 뉴욕 근교 웨스트 에그에 살며 상류 사회
라 할 수 있는 이스트 에그에 사는 먼 친척 여동생 데이
지의 집에 자주 들르게 됩니다. 덕분에 닉은 데이지와
남편 톰을 통해 부와 향락에 빠진 올드머니들의 삶을 보
게 되고, 그곳의 소문난 뉴머니 백만장자 개츠비와도 교
류하게 됩니다. 톰은 개츠비를 깔보면서도 파티에서 어
울리고, 개츠비는 오직 데이지의 사랑을 되찾기 위해 날

마다 온 동네가 떠들썩하게 파티를 엽니다.

이 둘은 전혀 다른 것 같지만, 둘 다 1920년대 미국의 모습을 대변합니다. 짐짓 점잖은 것 같지만, 오만으로 가득 차 있는 톰은 자동차 정비소를 하는 윌슨의 아내와 불륜 관계에 있습니다. 톰에게 정부가 있다는 것은 공공연한 사실로 알려져 있지만, 윌슨은 그의 아내가 톰과 부적절한 관계에 있다는 것을 꿈에도 알지 못합니다. 톰은 그런 그를 비웃으며 그의 부인 머틀과 향락을 즐깁니다. 술과 성적 쾌락을 즐기는 난잡한 파티를 벌입니다. 하지만 톰은 머틀을 사랑하지 않아요. 그저 놀이의 대상으로 여기지요. 데이지는 그의 자존심일 뿐이고, 머틀은 놀이감일 뿐입니다.

톰을 이런 인물로 그린 작가의 의도는 청교도주의로 대표되는 미국의 관습이 무너져, 무절제하고 도덕적 긴장감이 사라진 세태를 풍자한 것이었습니다. 또한 이 시대에 환멸을 느낀 잃어버린 세대의 의식을 보여준 것입니다. 이를 뒤엎고 새로운 시대를 세우기는커녕 전쟁을 등에 엎고 부자가 된 뉴머니의 대표자 개츠비도 잃어버린 세대에겐 비판의 대상입니다. 개츠비는 자기 파티에

온 사람들에게 보기 좋게 자신의 과거를 꾸며서 말하지만, 믿는 사람은 별로 없습니다. 그저 그의 대저택에서 열리는 엄청난 돈파티를 즐기러 온 것 뿐이지요. 파티에 온 사람들은 이런 소문, 저런 소문으로 개츠비의 과거를 추측하며 떠들어댑니다.

이 이야기의 결론을 스포할 순 없지만 개츠비의 마지막은 해피엔딩이 아닙니다. 충격적 결말이 기다리고 있어요. 마지막까지 개츠비에게 남은 것은 닉 밖에 없습니다. 개츠비를 사랑한다던 데이지도 두 번째 배신을 하니까요. 이 역시 잃어버린 세대의 비판의식을 보여줍니다. 목적이 빗나간 부의 축적, 절제 없는 부의 쓰임, 이 모든 것들은 허무주의와 인간 소외를 나을 뿐이라고 말합니다.

웨스트 에그와 뉴욕 시의 중간쯤에 고속도로와 철로가 만나는 지점쯤에 '재의 골짜기'라 불리는 곳이 있습니다. 산업혁명을 이미지화한 듯 그곳은 희뿌연 연기로 가득합니다. 잿빛 땅과 그 위에서 발작적으로 피어오르는 먼지 너머로 안과 의사 에클버그의 거대한 눈이 보입니다. 오랜 세월 동안 관리가 되지 않아 그을리고 비에 시달려 페인트칠이 다 벗겨진 광고판의 모습이지만 여전히 생각에 잠긴 듯한 두 눈은 이 모든 혼돈이 있었던 재의 골짜기를 바라보고 있지요. 재의 골짜기에서 펼쳐지는 아노미를 바라보는 그의 눈은 이야기의 화자 닉의 시선이자, 잃어버린 세대의 눈이 아닐까요?

Q 『위대한 개츠비』는 사랑과 욕망에 관한 이야기이자 무절제에 관한 이야기이기도 합니다. 그리스도인으로서 절제해야 할 것은 어떤 것들이 있을까요?

Q 개츠비의 사랑은 진짜 사랑일까요? 절제 없는 욕망일 뿐일까요? 개츠비를 변론하는 입장과 반대하는 입장을 나누어 토론해 보세요.

Q 데이지는 개츠비의 집에 초대되어 개츠비의 옷방을 보며 "너무나 아름다운 셔츠들이에요. 그런데 자꾸만 슬퍼져요! 난 지금껏 한 번도 이렇게 …… 이렇게 아름다운 셔츠를 본 적이 없거든요."(109쪽)라고 말합니다. 이 말은 무슨 뜻이며, 그녀가 어떤 사람이라는 것을 보여주나요?

Q 1920년대 미국 사회의 모습을 '금주법'과 '경제적 번영', '도덕성의 붕괴'를 중심으로 조사해 보세요.

Q 톰 부캐넌의 폭력성은 작품 곳곳에서 드러납니다. 권력과 세력을 가진 자로서 그의 정신적, 육체적 폭력성을 작품의 장면들에서 찾아 비판해 보세요.

Q 1920년대, 미국을 배경으로 한 이야기가 오늘날 대한민국에 사는 우리에게 주는 의미는 무엇인가요?

『까칠한 재석이가 결심했다』 고정욱. 애플북스

청소년 문제를 직접적이고, 실제적으로 그린 고정욱 작가의 '까칠한 재석이 시리즈'의 여섯 번째 이야기입니다. 주인공 재석이는 게임 천재 재현, 게임중독 은미와 함께 청소년의 게임 문제에 정면으로 맞섭니다. 온라인 게임은 청소년이 가장 절제하기 힘든 문제 중의 하나입니다. 게임중독이 사회 문제화되는 것은 비단 청소년들의 무절제 때문이 아니라 기성세대의 관심 부재에도 있습니다. 재석이의 문제 해결 방식을 따라가며 현실에서 가능한 해결 방식에 관해 함께 고민하는 시간을 가져도 좋겠습니다.

생각하는 질문 만들기

이야기의 중심 소재인 게임중독뿐만 아니라 절제하지 못해 생기는 청소년 문제들을 찾아보고 그 문제의 원인과 해결 방법을 토론하고 질문해 보세요. 나만의 고민이 아니라 함께 토론할 친구나 모임이 있으면 더 좋겠습니다.

용서는 약함이
아니라 용기야

『레 미제라블』, 빅토르 위고, 비룡소

#용서 #정의 #죄 #긍휼 #선행

　살면서 마음이 가장 힘들었던 순간과 그 일이 있었던 상황을 생각하면 그 사건 안에는 반드시 원망의 대상이 있었던 것 같습니다. 때로는 내 자신의 잘못인 것을 알면서도 다른 사람의 핑계를 대기도 했고, 어떤 때는 정말 억울해서 사람이 미워지고 다시 보기 싫어지기도 했습니다. 인생에서 우리가 겪어내야 할 일 중에 가장 어려운 일이 사람과 사람 사이의 일이 아닐까 생각하게 됩니다.

　아주 난감할 정도로 미움을 받은 적이 있습니다. 나로서는 그저 열심을 내어 일했을 뿐인데, 내 모습이 꼴 보기 싫다고 이 사람 저 사람, 이곳저곳에 욕을 하고 다닌 사람이 있었습니다. 그 사람은 '생긴 게 마음에 안 든다.', '웃는 모습이 꼴 보기 싫다.' 등 노력으로 교정 불가능한 것들을 이유로 나를 배척했습니다. 일종의 따돌림이 아니었을까 생각합니다. 새로운 공동체에서 살아남아야 했던 나는 박힌 돌들의 미움을 오롯이 받아내며 그저 견디는 방법밖에는 없었습니다. 다른 대안이 없어서 제가 선택한 방법은 '용서'였습니다. 아무도 없는 곳에서 죽을 만큼 울고, 돌아서서 그들을 향해 웃었습니다. 그리고 그렇게 그들을 용서했노라고 생각했었습니다. 그렇게 욕을 먹고, 또 먹어도 바보같이 웃는 나를 보며 쏟아지던 비난들은 조금씩 사라져갔습니다.

그 일이 있었던 때가 벌써 20여 년 전이네요. 그런데 저는 여전히 그 일을 생각하면 아프고, 여전히 그런 일이 있었다고 이야기하곤 합니다. '용서'한 것일까요? 아니라는 생각이 들기 시작했습니다. 그리고 과연 인간이란 존재가 진정한 용서를 할 수 있는 존재인지 고민하게 되었습니다.

소설 『레 미제라블』은 프랑스의 소설가 빅토르 위고가 1862년에 발표한 작품으로 왕정이 무너지고 새로운 시대가 열리는 '프랑스 혁명'을 배경으로 하고 있습니다. 연이어 일어나는 여러 사건 속에서 얽히고설키는 등장인물들의 삶이 대서사시처럼 펼쳐지는 장편소설입니다. 그런데 위고가 이 소설을 쓰게 된 동기가 매우 특별합니다. 그가 방탕한 생활에 빠져있던 어느 여름, 사랑

하는 딸 레오폰디느가 세느강에 빠져 익사하는 사고가
일어났습니다. 그는 이 사건을 자신의 죄악에 대한 하나
님의 심판으로 여기며 딸의 무덤 앞에서 후회하며 울부
짖습니다. 그날부터 방탕한 생활을 청산하고 하나님께
죄를 용서받기 위해 사랑을 주제로 한 소설을 쓰기 시작
했다고 합니다. 그 소설이 바로『레미제라블』이지요. 그
래서일까요? 사랑을 주제로 한 소설이라고 하는데, 소설
곳곳에는 '용서'에 대한 고민과 갈등이 눈물자국처럼 뚝
뚝 떨어져 있습니다. 사랑은 용서를 생명력 있게 만드는
소중한 씨앗이기 때문이지요.

불쌍한 사람들

레 미제라블은 프랑스어 'Les Miserables', 불쌍한 사
람들, 가난한 사람들이라는 의미입니다. 혁명기의 프랑
스는 극심한 빈부격차로 가난한 평민들이 넘쳐나고 그
로 인한 사회불만도 넘쳐났습니다. 먹고 살기 힘든 농민
들이 일자리를 찾아 도시로 몰려들었지만 도시 노동자
들 역시 빈민으로 살아가고 있었지요. 그 당시 파리 인
구의 65~75퍼센트 정도가 빈민이었다고 하니 도시가 얼

마나 어둡고 비참했을까요.

이 작품에는 그 시대 사회 하층민들의 비참한 삶이 고스란히 투영되어 있습니다. 배고픈 조카들을 위해 빵 한 조각을 훔치다 징역형을 받게 된 주인공 장발장을 중심으로, 돈을 벌기 위해 사랑하는 딸을 다른 사람에게 맡기고 결국 몸 파는 일까지 하게 되는 팡틴, 돈 때문에 팡틴의 딸을 맡아 키우며 학대하는 등 끝없이 악행을 이어가는 테나르디에 부부에 이르기까지 악한 사람이든 선한 사람이든 이런저런 이유로 모두 불쌍한 사람들임이 분명합니다.

이처럼 『레 미제라블』은 프랑스 역사와 가난한 하층민의 삶을 낱낱이 파헤치는 작품입니다. 원작은 프랑스에서도 역대 가장 길게 쓰인 소설 중 하나로 꼽힐 만큼 그 양이 방대합니다. 프랑스어판만 해도 무려 1,900여 쪽에 달하며 한국어 번역서들도 500여 쪽 되는 책이 세 권씩 됩니다. 비룡소판은 청소년의 눈높이에 맞게 원작 내용을 훼손하지 않는 선에서 축약된 작품입니다. 방대한 분량 때문에 프랑스 학교에서도 축약판으로 많이 읽힌다는 이 작품은 작가의 시선으로 바라본 프랑스의 역사, 사회, 종교, 철학의 문제까지 깊이 있게 다뤄지고 있습니다. 왕이나 귀족의 삶이 아니라 하층민의 생생한 삶이 그려져 있기에 더욱 의미 있습니다.

인생을 바꾼 '용서'

다시 우리의 주제인 '용서'로 돌아가 볼까요? 장발장의 마음은 증오로 가득했습니다. 불평등한 세상을 용서할 수 없었지요. 배고픈 조카들을 위해 빵 한 조각을 훔친 죄로 4년의 징역형을 받다니요. 게다가 이 불공정함에 굴복할 수 없었던 장발장은 네 번이나 탈옥하다 잡히는 바람에 19년이라는 긴 세월을 복역하게 됩니다. 세상에 대한 복수심이 가득했을 것입니다. 그는 간신히 형을 마치고 나왔지만, 전과자라는 이유로 음식도 팔지 않고 숙박도 거부하는 사람들에게 분노를 느낍니다. 그래서 자신을 재워주고 먹여 주며 사랑을 베푼 미리엘 주교의 호의를 배신하고 은촛대와 은식기를 훔쳐 달아납니다.

하지만 또 잡히고 말지요. 더 긴 세월을 감옥에 갇혀 살아야 할 처지에 놓입니다. 여기서 장발장의 인생을 바꾼 일생일대의 사건이 일어납니다. 미리엘 주교는 장발장을 '용서'하고 은촛대와 은식기는 자신이 준 것이라고 경찰에게 말합니다. 장발장은 미리엘 주교의 사랑에 충격을 받고 자신의 삶을 돌아봅니다. 처음으로 사랑의 위대함을 느끼게 됩니다. 그리고 사랑을 실천하는 새로운 인생을 살게 됩니다.

그는 자신의 이름을 마들렌으로 바꾸고 열심히 노력하며 삽니다. 부자가 되어 가난한 사람들을 돕고 존경받는 사람으로 살아가지요. 한 도시의 시장까지 됩니다. 하지만 그의 삶을 흔드는 사람이 있습니다. '자베르' 경감입니다. 자베르는 법을 지키는 것을 목숨보다 소중히 여기는 사람입니다. 장발장을 다시 잡아 감옥에 넣으려고 합니다. 미리엘 주교의 뻔한 거짓말은 그에게 통하지 않았지요. 끈질기게 장발장을 추적합니다.

자베르에게 용서란 있을 수 없는 일입니다. 장발장의 철저한 신분 세탁도 자베르의 날카로운 눈앞에서는 소용이 없습니다. 그런데 혁명이 한창일 때 혁명군에게 잡힌 자베르가 정부군의 첩자로 오해받아 죽임을 당할 위험에 처하게 됩니다. 혁명군으로 자베르를 만난 장발장은 자신을 평생 쫓던 그를 남몰래 풀어주어 살립니다.

그의 평생에 가시 같았던 자베르를 사랑으로 '용서'한 것이지요. 자베르는 장발장의 용서 앞에 흔들립니다.

법을 집행하는 자로서 범죄자 장발장을 잡아야 한다는 신념과 자신의 목숨을 구해준 선한 사람 장발장의 죄를 '용서'해야 한다는 마음 앞에 갈등합니다. 그는 어쩔 줄 모르고 괴로워하다가 결국 어느 쪽도 결정하지 못하고 세느강에 몸을 던져 자살하고 맙니다. 그의 인생은 용서를 배우지 못한 채 안타깝게 끝나고 말았네요.

장발장의 사랑하는 딸 코제트는 어떨까요? 그는 마음을 다해 자신을 키워준 장발장이 친아버지가 아니며, 범죄자였으며, 자기 친어머니를 죽게 한 원인 제공자라는 것을 뒤늦게 알게 됩니다. 아버지 장발장을 용서하기 힘들어하지요. 하지만 결국 장발장의 임종을 지킵니다. 그녀는 '용서'합니다.

이렇게 소설 『레 미제라블』은 용서와 사랑 가운데서 갈등하고 갈팡질팡하는 인간 군상을 보여줍니다. 소설 속에는 여기서 미처 다 이야기하지 못한 수많은 용서와 사랑 이야기가 담겨 있습니다.

하나님의 용서

성경은 하나님이 용서의 하나님임을 보여줍니다. 구약의 역사 속에서 하나님은 끝없이 배신하는 이스라엘 백성들을 끝까지 용서하셨고, 징계 후에도 다시 회복시키셨습니다. 신약의 역사 속에서 예수님은 인간의 죄를 대속하기 위해 고통과 치욕의 십자가를 기꺼이 감내하십니다. 그리고 십자가 위에서도 "아버지, 저들을 사하여 주옵소서. 자기들이 하는 것을 알지 못함이니이다."(누가복음 23장 34절) 라고 말씀하십니다.

성경에는 하나님의 사랑이 어떤 것인지 보여주는 장면이 많이 있습니다. 그중 아주 짧지만 명료해서 제가 좋아하는 장면이 있습니다. 선악과를 먹은 아담과 하와가 하나님의 징계를 받고 쫓겨나는 장면입니다.

하나님은 창조주의 권위에 도전하고, 관계를 무너뜨린 이 괘씸한 아담과 하와를 내버려두지 않으시고 친히 가죽옷을 지어 입히십니다.(창세기 3장 21절) '병 주고 약 주는' 것으로 보일 수 있는 장면이지만 부모가 되어 본 사람은 이 장면에서 용서와 사랑을 진하게 느낄 수 있답니다. 자녀가 아무리 말썽을 부려도 혼내고 나면 보듬어

주는 것이 부모의 마음이니까요. 부모님의 사랑은 하나님의 사랑을 엿볼 수 있게 해줍니다.

또 아담과 하와의 첫째 아들 가인이 동생 아벨을 죽였을 때도 비슷한 장면이 나옵니다. 가인은 하나님께서 동생 아벨의 제사는 받으시고, 자신의 제사는 받지 않으시자 분노합니다. 하나님 중심의 제사, 구별된 제사를 드리지 못한 자기 잘못은 생각하지도 않고 시기와 질투로 동생을 죽이고 말지요. 하나님은 아벨의 피가 땅에서 호소한다시며 가인을 혼내십니다.

"땅이 그 입을 벌려 네 손에서부터 네 아우의 피를 받았은즉 네가 땅에서 저주를 받으리니 네가 밭을 갈아도 땅이 다시는 그 효력을 네게 주지 아니할 것이요, 너는 땅에서 피하며 유리하는 자가 되리라." (창세기 4장 11~12절)

하나님의 징계에 가인은 두려움에 떨며 하나님께 소로합니다.

"내 죄벌이 지기가 너무 무거우니이다. 주께서 오늘 이 지면에서 나를 쫓아내시온즉 내가 주의 낯을 뵈옵지 못하리니 내가 땅에서 피하며 유리하는 자가 될지라. 무릇

나를 만나는 자마다 나를 죽이겠나이다." (창세기 4장
13~14절)

이 말은 들은 하나님은 즉시 그에게 말씀하십니다. 가
인을 죽이는 자는 벌을 칠 배나 받을 것이라고요. 그리
고 가인에게 표를 주사 그를 만나는 모든 사람에게서 죽
임을 면하게 하셨다고 합니다. 하나님의 용서는 완벽합
니다. 잘못을 가르치시되 사랑으로 보듬으십니다.

그런데 예수님께서는 이런 용서를 우리에게도 요구
하십니다.

"서서 기도할 때에 아무에게나 혐의가 있거든 용서하라.
그리하여야 하늘에 계신 너희 아버지께서도 너희 허물을
사하여 주시리라 하시니라." (마가복음 11장 25절)

거꾸로 말하면 우리가 우리에게 죄지은 사람을 용서
하지 않으면 하나님의 용서도 없다는 것이 될까요? 예
수님은 예화를 통해 제자들에게 용서의 원리를 가르치
십니다.

어느 날 예수님의 제자 베드로가 예수님께 나아와 묻

습니다. "주여, 형제가 내게 죄를 범하면 몇 번이나 용서하여 주리이까?"

그러자 예수님은 "일곱 번을 일흔 번까지라도 할지니라."라고 답하십니다. 그리고 이야기를 들려주시지요.

어떤 주인이 종들과 결산을 하려 하던 때에 '만 달란트' 빚진 자가 잡혀 옵니다. 주인은 '아내와 자식들과 모든 소유를 다 팔아' 갚으라고 말하지요. 그 종은 제발 참아달라고 엎드려 부탁합니다. 그를 불쌍히 여긴 주인은 그냥 빚을 탕감해 줍니다. 정말 좋은 주인이지요. 용서와 사랑을 아는 주인이었나 봅니다.

그런데 그 종이 기분 좋게 나가서 길에서 자기에게 '백 데나리온' 빚진 동료를 만납니다. 그 동료도 엎드려 간절히 부탁하지만, 그가 빚을 갚지 못하자 종은 그 동료를 옥에 가둡니다. 그 일을 주인이 알고 노하여 말합니다. "내가 너를 불쌍히 여김과 같이 너도 네 동료를 불쌍히 여김이 마땅하지 아니하냐!"하구요. 그리고 그를 옥에 가둬 버립니다.

용서의 원리는 이런 것이었습니다. 해도 되고 안 해도

되는 것이 아니라 우리의 의무였습니다. 하나님은 죄로 인해 죽을 수밖에 없는 인간을 그리스도의 피로 완전히 '용서' 하셨습니다. 그러니 우리에게 용서는 은혜에 대한 보응이자 필수적인 의무가 된 것입니다. 용서받은 우리가 치사하게도 용서하지 않는 삶을 산다면 그건, 뻔뻔한 욕심쟁이 종이 되어 버리는 것이니까요. 그래서 용서는 어렵지만 꼭 해내야 하는 우리의 과제입니다.

국어사전에서는 '용서'를 지은 죄나 잘못한 일에 대하여 꾸짖거나 벌하지 않고 덮어주는 것으로 정의합니다. 하지만 진짜 용서는 아담과 하와에게 가죽옷을 입히신 하나님처럼 사랑을 더하는 것입니다. 가인에게 표를 주사 죽음을 막으신 것처럼, 십자가상의 예수님처럼 사랑을 더하여 '살리는 것'입니다. 어쩌면 우리가 할 수 있는 일이 아닐지도 모르겠습니다. 완벽한 용서란 하나님의 영역이겠지만 우리가 걸어야 할 길은 그리스도의 용서를 닮아가도록 애쓰며 사는 것입니다.

Q 『레 미제라블』은 봉건제도에 대한 자본 계급의 혁명인 '프랑스 혁명'을 배경으로 합니다. 우리나라 역사 에서 시민혁명과 같은 예는 어떤 것들이 있을까요? 예를 들어 설명해 보세요.

Q 은식기 도둑 장발장을 용서한 미리엘 신부의 행동은 하나님의 용서를 몸소 실천한 모습이었습니다. 덕분에 장발장의 삶을 바꾸어 놓을 수 있었습니다. 미리엘 신부가 되어 그날의 사건에 관해 간증해 보세요.

Q 장발장은 억울하게 '장발장'으로 잡혀간 사람을 위해 자신이 진짜 장발장임을 법정에서 고백합니다. 하지만 다시 도망쳐 숨어 살기도 합니다. 딸을 키우며 평생을 도망자로 살아간 장발장의 행동을 어떻게 생각하나요?

· 딸을 위해서라도 처벌을 제대로 받았어야 한다.
· 딸을 키우기 위해 잡혀가는 건 할 수 없었다.

Q 삶을 바꾸고 철저하게 타인을 돕는 삶을 산 장발장을 보면서도 자베르는 '용서'를 떠올리지 못합니다. 끝까지 추적하지요. 자베르의 행동을 변론하거나 비판해 보세요.

Q 용서와 정의 사이에서 갈등하던 자베르는 결국 자살을 택합니다. 자베르가 용서하지 못한 것은 장발장일까요? 자기 자신일까요?

Q 나에게 용서는 어떤 것인가요? 용서를 했던 경험, 용서를 받았던 경험을 나누어 보세요. 그때의 감정도 함께 이야기해 보세요.

『용서의 자격』, 이토 미쿠 글, 탐

어느 날 갑자기 살인자의 아들이 되어 버린 열여섯 살 소년 료헤이. 료헤이와 가족들은 주위의 따가운 시선을 온몸으로 겪어내야 했습니다. 이해할 수 없는 아버지에 대한 미움과 사랑, 혼란의 감정을 겪어야 했던 료헤이의 마음이 세밀하게 묘사되어 있습니다. 이웃, 친구, 방관자, 또다른 가해자 등 다양한 인물 속에 갈등하며 성장하는 료헤이를 통해 우리는 무엇을 용서하고 누구를 용서하며 어떻게 용서받아야 하는지에 관해 고민하게 됩니다. 용서란 과연 어떤 것인지에 관해서도 새로운 관점을 갖게 됩니다.

생각하는 질문 만들기

살인자가 된 료헤이 아버지의 태도, 살인자의 아들이 된 로헤이의 행동 방식을 살펴보며 떠오르는 의문들을 질문으로 만들어 보세요. 용서의 상황에서 맞닥뜨리게 될 다른 감정과 용서의 진정한 의미를 생각해 보게 됩니다.

인내의
열매는 달다

『바르톨로매는 개가 아니다』, 라헐 판코에이, 사계절

#인내 #잠재력 #존엄성 #꿈 #희망

예술가의 영감은 세상에 관한 의문이 깨달음에 닿는 순간 불꽃처럼 타오르기 시작합니다. 미처 알지 못했던 세상의 아름다움과 대면했을 때, 폭죽처럼 터져 나오기도 합니다. 그렇게 세상은 예술적 영감의 원천이 되고, 다시 예술은 세상의 아름다움이 되어 펼쳐지는 것입니다. 위대한 예술은 다른 예술의 영감이 되기도 합니다. 감동적인 음악을 듣고 영감을 받은 작가가 위대한 문학작품을 탄생시키기도 하고, 아름다운 명화가 감동을 주는 음악으로 탄생 되기도 합니다. 17세기 스페인을 대표하는 화가 디에고 벨라스케스의 걸작 〈시녀들(Las Meninas)〉은 많은 사람에게 영감을 주었습니다.

실제와 환상이 엉키고, 공간과 공간이 겹친 듯한 이 작품은 보는 이로 하여금 무한한 상상의 세계로 빠져들게 합니다. 피카소는 10대 때부터 프라도 미술관에 매일 찾아가 벨라스케스의 〈시녀들〉을 보며 평생 영감의 원천으로 삼았으며, 자기만의 방식으로 재해석한 작품을 내어놓기도 했습니다. 살바도르 달리 역시 그의 작품 곳곳에 〈시녀들〉에 대한 오마주를 보여주기도 했지요.

〈시녀들〉, 벨라스케스

그림에 등장하는 사람들은 실제 인물들입니다. 중심 인물인 마르가리타 공주뿐만이 아니라 시녀들과 난쟁이, 국왕과 왕비, 심지어 그림을 그리고 있는 벨라스케스 자신까지 등장합니다. 서양 미술사에서 가장 신비로운 그림이라 불리는 이 그림을 보며 작가 '라헐 판 코에이'는 『바르톨로메는 개가 아니다』라는 멋진 소설을 만들어냅니다.

그는 명화 〈시녀들〉에 등장한 개가 실은 진짜 개가
아니라 인간개 노릇을 했던 난쟁이 '바르톨로메'였다는
설정을 합니다. 작가는 대학에서 특수교육학을 공부했
고, 장애인 복지에 관심이 많아 틈틈이 장애인들을 돌
보는 봉사를 한다고 합니다. 명화를 보고 떠오른 영감과
작가의 삶이 만나 '바르톨로메'라는 인물을 창조해 낸
것입니다.

숨어서 살아야 했던 바르톨로메

바르톨로메는 가족 중 유일한 꼽추 난쟁이입니다. 어
려서부터 동네 아이들에게 놀림을 받고, 사람들에게 무
시당하는 것을 당연하게 받아들이며 살아야 했습니다.
그런데 어느 날, 아버지가 왕궁의 마부가 되어 마드리드
왕궁 근처로 이사를 가게 됩니다. 중세적 가치관에 따
르면 장애아는 죄인 취급을 받았습니다. 저주를 받았다
고 여겨졌지요. 이런 아이를 큰 도시에 데리고 가면 놀
림거리는 물론 짐승만도 못한 취급을 당할 것이 뻔했기
에, 아버지는 바르톨로메를 다른 사람에게 맡기고 떠나
려 합니다. 가족 모두가 가는데 바르톨로메만 남겨질 위

기였습니다. 하지만 사람들 눈에 띄지 않도록 하루 종일 집 안에만 있겠다는 약속을 하고, 이삿짐 속에 숨어서 마드리드로 향합니다.

바르톨로메는 태어난 후부터 한 번도 자유로운 적이 없었습니다. 몸이 불편해서가 아니라 사회적 편견에 눌려 움직일 수 없었습니다. 욕을 먹어도 참고, 발길질을 당해도 참고 살아야 했습니다. 가혹한 운명에 순응 수밖에 없는 환경이었고, 혹여 가족들에게 해가 될까, 숨죽이며, 살아야 했습니다. 마드리드로 이사할 때도 바르톨로메의 자리는 궤짝 안이었습니다. 감옥과 같은 상자 안에 웅크리고, 없는 사람처럼 숨어있어야 했지요. 마드리드의 집에서도 마찬가지였습니다. 집에 손님이라도 오면 물건을 정리하고 치우듯 바르톨로메도 치워져야 했습니다. 아버지는 행여 다른 사람이 볼까 봐 바르톨로메가 창가에 서는 것도 허락하지 않았습니다.

인내는 어려운 상황을 견디는 힘입니다. 바르톨로메는 스스로 날마다 인내를 연습해야 했을 것입니다. 분노를 참고, 슬픔을 참고, 억울함을 참아내야 했을 것입니다. 하지만 인내 후에 반드시 새로운 시작이 있다는 희망이 있을 때 그 인내는 가치 있고, 견딜만합니다. 바르톨로메의 끝없는 인내는 절망을 불러올 뿐이었습니다.

성경에 '욥'이라는 인물이 있습니다. 사탄은 하나님을 신실하게 믿었던 욥이 보기 싫었겠지요. 어느 날, 하나님께 말합니다. 욥의 신실함은 하나님의 축복이 있었기 때문이니 욥이 가진 것을 뺏으면 달라질 것이라고 하지요. 하나님은 의인 욥을 믿었기에 사탄에게 그가 가진 것을 뺏어 보라고 합니다. 욥은 한순간에 그 많던 재산도 자식들도 모두 잃고 맙니다. 자기 몸까지 처참하게 병들어 고통 속에 하나님을 찾습니다. 이 와중에 친구들까지 나타나 욥이 죄로 인해 벌을 받은 것이니 회개하라고 충고합니다. 욥은 자신의 무죄함을 주장하며 항변합니다. 그러나 고통중에서도 하나님의 주권을 인정하지요. 인내의 본이 된 욥은 결국 하나님의 축복을 회복하게 됩니다.

욥의 인내가 의미 있는 것은 그가 그저 견디기만 한 것이 아니라 끊임없이 자신의 존재와 하나님의 뜻에 관해 고민했다는 것입니다. 바르톨로메의 인내도 이와 닮

아있기에 칠흑 같은 어둠 속에 있던 그의 삶에 빛이 비
치게 됩니다.

궁정 난쟁이가 된 바르톨로메

마드리드에서 바르톨로메의 삶은 점점 인내의 한계
를 시험하는 시간들이었습니다. 가족들의 사랑이 있었
지만 인간답지 못한 삶을 이어갈 수밖에 없었습니다. 그
런데 어느 날, 형인 호아킨이 엄청난 이야기를 들려줍니
다. 바르톨로메와 같은 난쟁이임에도 불구하고 궁정 서
기로 당당하게 사는 '엘 프리모'의 이야기였습니다.

바르톨로메는 이제 암흑 속에서 벗어나는 꿈을 꾸기
시작합니다. 빛을 향해 걷기 위해 제일 민저 글을 배우
기 시작하지요. 아버지 후안은 바르톨로메를 꼼짝 못 하
게 했기 때문에 형제들이 몰래 빨래통에 숨겨 나가, 수
도원에서 글을 배울 수 있게 돕습니다. 그것도 잠시, 어
느 날 빨래통이 엎어지는 바람에 바르톨로메는 길거리
에 나뒹굴게 됩니다. 그 모습을 하필, 마차를 타고 지나
가던 마르가리타 공주가 보고 깔깔깔 웃으며 그를 궁정
으로 데려가지요.

당시 스페인의 왕가에는 웃지 못할 관습이 있었습니다. 자신들의 권력과 우월성을 돋보이게 하려고 마치 장난감이나 노예처럼 왜소증 장애를 가진 사람들을 찾아 궁정으로 데리고 갔지요. 그런 관습이 벨라스케스의 그림에도 드러나 있습니다. 그림 속 공주와 큰 개 주위에 서 있는 키 작은 이들이 보입니다. 당시에 궁정화가, 궁정음악가 등이 왕가의 즐거움을 위해 있었던 것처럼 '궁정 난쟁이'라는 말이 있을 정도로 왜소증 장애를 가진 사람들은 궁중의 장난감이나 애완동물과 같은 존재가 되어 살아야 했습니다.

바르톨로메는 궁정에 들어가 공주의 '인간개'가 되었습니다. 날마다 개 분장을 하고, 개 흉내를 내며 공주를 웃겨주어야 했습니다. 희망은 사라지고, 다시 인내의 시간을 버텨내야 했지요. 하지만 인내는 단순히 기다리는 시간이 아니라, 자신의 진짜 모습과 마주하고 깊은 성찰을 하는 시간임을 바르톨로메는 알고 있었습니다. 그냥 놀이라고 생각하고 즐기는 수밖에 없다는 동료들의 말에도 불구하고 그는 자신에 대한 탐구를 놓지 않았습니다. 그리고 마침내 자신이 무엇을 할 수 있는지를 알게 되지요. 자신을 인간개로 분장을 해주던 궁정화가들의 방에서 그림에 대한 재능과 열정을 발견하게 되면서 화가의 꿈을 꾸게 됩니다.

우리의 인내는 이와 같아야 합니다. 무작정 참는 것이 아니라 푯대를 향한 인내이어야 합니다. 소망이 있는 인내여야 하는 것이지요.

"그러므로 형제들아, 주께서 강림하시기까지 길이 참으라. 보라 농부가 땅에서 나는 귀한 열매를 바라고 길이 참아, 이른 비와 늦은 비를 기다리나니, 너희도 길이 참고 마음을 굳건하게 하라. 주의 강림이 가까우니라." (야고보서 5장 7~8절)

야고보 역시 '열매를 바라고'라는 말로 소망의 중요성을 말합니다. 소망이 있는 인내는 결실을 만듭니다.

무엇을 바라고, 어떻게 견딜까?

우리의 인생은 견뎌내야 할 수많은 상황으로 넘칩니다. 하기 싫은 공부도 참고 해야 하고, 엄마의 잔소리도 참아야 합니다. 공부 잘하는 아이만 예뻐하는 선생님의 무시도 참아야 하고, 잘난 체하는 친구의 꼴보기 싫음도 참아야 합니다. 몸이 아픈 것도 참아야 하고, 원하는 만큼 만족스럽지 못한 환경도 참아내야 합니다. 좋아하는 것도 참아야 할 때가 있습니다. 너무 하고 싶은 게임도 참아야 하고, 사고 싶은 물건이 많아도 적당한 선에서 참아야 합니다. 왜 참아야 할까요? 목적이 있기 때문입니다.

공부를 참고 해야 하는 이유는 미래를 위한 투자이기 때문입니다. 엄마의 잔소리는 미처 깨닫지 못한 나의 결점을 알려주어 나를 성장시키기 때문에 참아야 하지요. 우리가 참아내는 것들에는 참지 말아야 할 부당한 폭력과는 다른 선한 목적이 있습니다.

그렇다면 어떻게 견뎌야 할까요? 바르톨로메는 그 어두운 시간을 자신에 관한 탐구로 견뎌냅니다. 결국 좋은 기회가 찾아오고 그 기회를 잡게 되지요. 소설의 마지막은 바르톨로메가 〈시녀들〉의 화가 벨라스케스의 조수 '파레하'의 제자로 들어가는 것으로 마무리됩니다.

이스라엘 백성들은 애굽에서의 기나긴 고난을 어떻

게 참아냈을까요? 하나님의 약속에 대한 믿음으로 인내합니다. 예수님은 십자가 고난을 어떤 힘으로 버텨내셨을까요? 우리에 대한 깊은 사랑으로 이겨내십니다. 바울과 사도들, 초대교회의 성도들은 매 맞고 감옥에 갇히고, 죽음까지 당하는 핍박을 어떻게 인내하였을까요? 선교의 사명과 복음에 관한 확신으로 그 시간을 버텨내었을 것입니다. 오늘은 사는 우리는 어떤가요? 인내를 기꺼이 감내할 소망이 우리 마음에 존재하고 있나요?

"우리가 환난 중에도 즐거워하나니 이는 환난은 인내를 인내는 연단을, 연단은 소망을 이루는 줄 앎이라." (로마서 5장 4절)

Q 이 소설에는 바르톨로메의 가족뿐만 아니라 많은 인물이 등장합니다. 등장인물 중 '인내'라는 주제와 연관되는 인물 세 명을 선택하여 그 인물이 어떤 인내를 감내해야 했는지, 또 어떤 결과를 낳았는지를 써보세요.

Q 소설의 인물들은 작가의 가치관이나 주제 의식을 드러내는 '주동 인물'과 주인공과 맞서 갈등을 일으키는 '반동 인물'로 나눌 수 있습니다. 등장인물을 두 관점에서 나누고, 작가가 독자에게 던진 이 책의 주제 의식이 무엇인지 요약해 보세요.

Q 마르가리타 공주의 궁에는 바르톨로메 외에도 다른 난쟁이들이 있습니다. 니콜라시토와 바르볼라입니다. 이 세 사람이 차별적인 환경에 대응하는 방법에 어떤 차이가 있는지 살펴보고 어떤 태도가 바람직한지 이야기 나눠 보세요.

Q 바르톨로메에게는 왕의 서기관 엘프리모가, 화가 벨라스케스가 인생의 롤모델이 되었을 것입니다. 나의 삶의 롤모델은 어떤 사람이 있나요?

Q 전국장애인차별철폐연대가 장애인 이동권 보장을 위한 강도 높은 시위를 벌여 사회적 이슈가 된 적이 있습니다. 우리 사회의 장애인에 관한 인식은 어느 정도의 수준인지 평가해 보세요.

Q 하나님을 믿는 사람들, 우리가 가져야 할 삶의 목적, 인내해야 할 이유는 무엇일까요? 우리가 바라보는 소망이 무엇인지 이야기 나눠 보세요.

『클로버』, 나혜림, 창비

『클로버』는 선택에 관한 이야기입니다. 녹록하지 않은 삶을 살아가는 정인이는 어느 날 고양이로 둔갑한 악마 헬렐을 만납니다. 자신의 이름에 들어간 '인'이라는 글자가 '사람 인'(人)이 아니라 '참을 인'(忍)이라고 생각하는 정인이에게 헬렐의 유혹은 달콤할 수밖에 없습니다. 그는 정인이에게 '만약에'라는 주문만 외치면 왕으로도 만들어줄 수 있다고 유혹합니다. 정답이 없는 삶의 문제에 정인이는 늘 자신만의 선택을 찾아내고 그 결과를 인내하며 받아들입니다. 내가 원하는 진짜 삶을 위해 필요한 인내들을 알게 하는 이야기입니다.

생각하는 질문 만들기

헬렐이 던진 유혹들은 어떤 것이 있을까요? 그의 유혹을 들여다보며 그 의미에 관해 질문해 보세요. 또 정인이의 선택을 바라보며 나라면 어떤 선택을 할지, 어떤 선택이 바람직한지 이야기 나눠 보세요.

착한 일의
의미

『ㅈㅅㅋㄹ』, 오하루, 선스토리

#선행 #연대 #청소년 #성장 #치유

착한 일의
의미

성경에는 '착한 행실'에 관한 이야기가 참 많이 나옵니다. 특히 예수님의 행적과 선교의 역사가 담긴 신약 성경에는 그리스도인의 행실이 '착해야' 한다는 당부가 줄곧 이어집니다. 예수님도, 바울 사도도 그리스도인의 착한 행실이 하나님의 뜻이라고 계속해서 말하고 있습니다.

> "이같이 너희 빛이 사람 앞에 비치게 하여, 그들로 너희 착한 행실을 보고 하늘에 계신 너희 아버지께 영광을 돌리게 하라." (마태복음 5장 16절)
> "그러므로 우리는 기회 있는 대로 모든 이에게 착한 일을 하되 더욱 믿음의 가정들에게 할지니라." (갈라디아서 6장 10절)

착한 행동을 한다는 것은 매우 어렵습니다. 자기의 이익을 내려놓고, 타인을 위해 희생해야 하는 경우가 많으니까요. 게다가 사람들의 생각과 기준은 모두 달라서,

선한 의도로 한 행동이 누군가에겐 불쾌하거나 불편한 결과를 만드는 경우도 생기곤 합니다.

그러나 누가 봐도 가치 있는 일, 착한 일도 분명히 있습니다. 생명을 살리는 일, 많은 사람에게 유익을 끼치는 일, 우리가 살고 있는 이 땅을 지키는 일과 같은 것은 소중하고 꼭 필요한 '선행'입니다.

청소년 소설『ㅈㅅㅋㄹ』에는 누가 시키지도 않았는데 자발적으로, 선한 일을 하는 친구들이 등장합니다. 이 친구들의 행동을 따라가다 보면 선행의 방법이 아니라 선행의 마음을 느끼게 됩니다. 언뜻 봐도 섬뜩한 책제목, 프롤로그 속 리얼한 카톡 메시지까지, 시작이 강렬한 이 책이 주는 메시지는 절망이 아니라 희망이며, 포기가 아닌 성장입니다.

자살클럽? 살자클럽?

한창 꿈을 키워가야 할 청소년들에게 대체 어떤 아픔이 있길래 '자살'이라는 극단적 선택이 만연하게 된 것일까요? 12년째 부동의 청소년 사망 원인 1위가 자살이라는 사실은 우리 사회의 심각한 문제가 아닐 수 없습니

다. 그 원인이 무엇이든 기성세대의 책임이라는 사실을
받아들이지 않을 수 없네요. 청소년 여러분들 앞에 미안
하고 부끄럽습니다.

『ㅈㅅㅋㄹ』의 등장인물은 모두 직접적이든 간접적이
든 자살을 경험한 인물들입니다. 이들이 경험한 어두운
현실은 타인이 보기에 심각하든 그렇지 않든 자신에겐
너무나 절실한 문제였을 것입니다. 그 문제를 해결할 수
없었기 때문에 극단적 선택을 한 것이구요.
　그런데 이 슬픈 선택을 막는 방법은 매우 단순했습니
다. 헤르만 헤세가 『수레바퀴 아래서』에서 찾지 못했던
그 방법이 『ㅈㅅㅋㄹ』에는 있었습니다. 한스 기벤라트에
게 없었던 것이 소유와 경식이에게는 있었던 것입니다.
　『수레바퀴 아래서』의 한스는 시골 마을의 기대주였
습니다. 공부 잘했던 한스는 명예욕 많은 아버지와 교장
선생님의 강요로 이름있는 상급학교에 진학했지만, 적
응하지 못합니다. 그의 아픔을 누구도 이해해 주지 않고
실패자 취급만 하지요. 그의 영혼은 외로웠고, 마음 둘
곳이 없었을 것입니다. 『ㅈㅅㅋㄹ』에는 서로의 아픔을
이해하는 친구가 있고, 선생님이 있었습니다. 그 '사람'

들이 살만한 이유가 되었지요.

경식이는 아빠를 '군화'라고 부릅니다. 어린 시절, 군 홧발 폭력으로 아빠라는 존재는 오직 엄마와 자신에게 폭력을 휘두르는 존재일 뿐이었습니다. 가정 폭력에 시 달렸던 경식이는 다정한 새 아빠의 사랑이 어색하기만 합니다. 이제 자신이 죽어도 엄마를 보살필 사람이 있다 는 게 안심되어 편히 죽을 수 있다고만 생각합니다. 소 유는 자살클럽의 첫 고객이었습니다. 동생이 자살로 죽 은 후 아빠는 술에 빠져 소유를 돌보지 않고 엄마는 기 억을 잃었습니다. 자신을 사랑하는 사람이 아무도 없는 세상은 소유에게 지옥이었습니다. 자살클럽의 운영자 K 는 겨우 열 살에 엄마가 천장에 매달려 죽는 걸 눈앞에 서 보아야 했습니다. 그리고 그 엄마를 사랑한 아빠까지 엄마를 따라갔습니다. 이 세 친구는 자살클럽의 운영자 이자 서로를 살게 하는 친구가 됩니다. 자살클럽에 마지 막으로 합류한 경식이는 이렇게 말합니다.

"고마워, 살게 해줘서, 살아서 감튀 먹게 해줘서… 아이씨, 졸라 맛있어."

K의 자살클럽은 사실 '살자클럽'이었습니다. 자살하고 싶은 친구들이 연락하면 도움을 준다고 했지만, 살도록 도와주는 것이었습니다. K가 소유와 경식이를 살린 방법은 어려운 것이 아니었습니다. 사랑하는 사람이 곁에 있다는 것, 그 사람의 진심을 보여주는 것. 이 단순한 사실로 죽고 싶은 사람을 살릴 수 있다는 것을 알고 있었기 때문입니다. 누구의 강요도 없이 세 친구는 살자클럽을 함께 하게 됩니다. 살자클럽은 철저한 계획을 하고 착한 일을 하기 위해 만들어진 것이 아니라 마음과 마음이 맞닿아 만들어진 것입니다. 진짜 선행은 이런 것입니다

사람을 살게 하는 선행

"ㅈㅅ하고 싶다고요? 그럼 ㅈㅅㅋㄹ으로 오세요. ㅈㅅ하고 싶은 이유를 이메일로 보내면 도와드립니다. 페메나 DM도 환영, 이메일: twzf@nave.com"

자살클럽의 인스타그램 광고입니다. 팔로워가 2만 명이 넘습니다. 감성적인 글귀, 방송 짤 등을 올리다가 가끔 ㅈㅅㅋㄹ을 알리는 글을 올리면 어김없이 DM이 도착합니다.

살자클럽에 연락한 '롱패딩'은 소유와 경식이의 설득에도 옥상에서 뛰어내립니다. 경찰 아저씨가 에어매트를 준비하지 않았다면 아이들은 또다시 자살과 마주해야 했을 것입니다. 아이들은 이렇게 롱패딩의 자살 현장에서 '자살 예방 긴급 구조센터'에서 일하는 경감님을 만납니다. 살자클럽에 어른의 도움이 생긴 것이었습니다. 이야기의 마지막 부분에는 위기 청소년 쉼터 은하수의 원장님도 등장합니다. 좋은 어른이 또 등장한 것입니다. 사람을 살게 하는 것은 사람입니다. 그래서 우리의 선행은 중요합니다. 어떤 위대한 일을 해서가 아니라 따뜻한 온기를 전해주는 것만으로도 사람을 살게 할 수 있습니다.

성경 속에서 볼 수 있는 가장 유명한 선행 이야기는 '선한 사마리아인'의 이야기입니다. 예수님은 강도 만난 유대인을 구해준 것이 유대인 제사장도, 레위인도 아닌, 유대인에게 무시당하는 사마리아인이라면 누가 진짜 이웃인지 묻습니다. 그 선한 사마리아인은 쓰러져 있는 유대인을 아무 조건도, 대가도 없이, 자신의 돈과 시간을 내어주며 살립니다. 바라는 것 없이 온기를 전해주는 일이었지요. 아브라함은 조카 롯에게 아무 것도 바라지 않고 좋은 땅을 양보합니다. 그의 아들 이삭은 우물 파는 사람이라 불릴 만큼 자꾸 우물을 파는데 자꾸 블레셋 사람이 빼앗아 갑니다. 이삭이 힘이 없어 참고 당한 것이 아니라 하나님을 신뢰하였기 때문에 의연한 모습을 보인 것입니다. 덕분에 나중에 블레셋 사람들이 찾아와 화해를 청하게 되지요.

성경 속 인물을 보면 결국 우리의 선행은 사람을 보는 것에서 시작되는 것이 아니라 하나님과의 관계에서 시작되는 것임을 알 수 있습니다. 인간을 향한 하나님의 뜻이 '사랑'에 있음으로 우리는 그의 뜻을 보여주는 일을 하는 것입니다.

구원과 선행

어릴 적 불렀던 찬양의 가사를 읊어볼게요.

"돈으로도 못 가요. 하나님 나라. 힘으로도 못 가요. 하나님 나라. 거듭나면 가는 나라, 하나님 나라. 믿음으로 가는 나라. 하나님 나라.

맘 착해도 못 가요. 하나님 나라, 지식으로도 못 가요.

하나님 나라. 거듭나면 가는 나라, 하나님 나라, 믿음으로
가는 나라, 하나님 나라"

불교에서는 선행을 쌓으면 윤회를 통해 다시 사람으로 태어날 수 있다고 합니다. 중세 교회에서는 면죄부를 사면 천국에 들어갈 수 있다고 잘못된 교리를 가르쳤지요. 그러나 구원에 이르는 일, 천국의 소망을 나의 것이 되게 하는 일은 선행으로 할 수 없는 일입니다. 우리가 선행을 쌓아가는 이유는 하나님의 사람으로 마땅히 해야 할 일이 사랑을 실천하는 것이기 때문입니다. 구원을 위해 쌓아가는 것이 아님을 늘 기억해야 할 것입니다. 선행을 쌓아가며 우리는 그리스도의 빛을 믿지 않는 사람에게 전할 수 있습니다. 선행을 쌓아가며 우리는 예수님의 모습을 닮아갈 수 있습니다. 그러니까 우리에게 선행은 하나님의 자녀로서 살아가는 방법인 것입니다.

"너희 안에서 착한 일을 시작하신 이가 그리스도 예수의 날까지 이루실 줄을 우리는 확신하노라. " (빌립보서 1장 6절)

Q 『ㅈㅅㅋㄹ』은 청소년들이 겪는 다양한 문제들을 자살이라는 결과와 연관하여 보여주는 작품입니다. 현재 대한민국의 청소년이 겪는 가장 심각한 문제는 무엇일까요?

Q 기성세대와 청소년의 갈등 중 가장 시급한 해결이 필요한 문제는 무엇일까요? 여러 친구들의 의견을 들어보고 통계를 만들어 보세요.

Q 소설 속에는 아이들의 선한 일을 돕는 어른들이 등장합니다. 청소년 스스로 해결할 수 없기 때문에 어른들의 도움을 받아야 하는 문제는 어떤 것이 있을까요?

Q 선행은 그리스도인이 마땅히 행할 바라는 것을 알게 되었습니다. 그리스도인이 선행을 행하는 것이 세상에 어떤 영향이 있으며, 청소년이 할 수 있는 선행은 어떤 것이 있을까요?

Q "그냥 누군가가 들어주면 좋겠다는 마음으로 메시지를 보내는 사람이 참 많다. K는 그런 메시지를 좋아한다." 자살클럽에 메일을 보내는 사람들에 관한 이야기입니다. 많은 청소년들이 자신의 이야기를 들어 줄 사람이 없다고 호소하는 '소외감'을 겪는 이유는 무엇일까요?

Q 『ㅈㅅㅋㄹ』의 오하루 작가는 자신을 소개하며 '청소년과 밥 먹는 사람'이라고 말하는 청소년 활동가입니다. 글과 강의로 돈을 벌어 청소년들을 위해 쓴다는 그녀는 선행이 삶인 사람이라 할 수 있습니다. 우리가 자신이 아닌 타인에도 관심을 가져야 하는 이유는 무엇일까요?

『시한부』, 백은별, 바른북스

『시한부』의 작가 백은별은 열네 살 청소년입니다. 청소년 특유의 감성으로 사춘기 청소년의 우울과 방황을 작품 속에 섬세하게 그려내었습니다. 작품의 제목에서 느낄 수 있듯이 이 책의 중심 소재 또한 '청소년 자살'입니다. 우울하고 무거운 주제임이 분명하지만, 책의 주인공 수아를 통해 희망을 찾아갈 수 있다는 것도 책을 읽는 독자들이 느낄 수 있는 점입니다.

수아를 둘러싼 인물들은 수아에게 삶의 아픔을 주는 인물도 있지만 살고 싶게 하는 이유가 되는 인물도 있습니다. 어느 날 수아의 반에 등장한 전학생 민이가 수아를 살고 싶게 하기까지의 과정이 서툴지만 순수한 마음으로 다가옵니다.

생각하는 질문 만들기

수아를 둘러싼 주변 인물들의 행동에 "왜?"라는 질문을 던져보세요. 인물들의 행동을 따라가다 보면 청소년들의 고민과 문제를 발견할 수 있게 됩니다. 그 문제들에 관해 생각을 펼칠 질문들을 만들고, 질문의 답을 찾아가다 보면 우리가 살아가는 이유를 발견하게 될 것입니다.

4장

영성 키우기

Awakening the Soul

믿음으로
사는 것

『예수님이라면 어떻게 하실까』, 찰스쉘던, CH북스

#믿음 #소명 #크리스천 #교회 #성화

여러분과 함께 문학과 하나님에 관해 이야기하다 보니 벌써 이 책의 마지막 장에 왔네요. 제가 이 책을 통해 내내 말하려고 했던 것은 결국 '기독교적 세계관'이었습니다. 그리스도인으로서 세상을 바라보는 시각이 하나님을 모르는 사람들과는 달라야 한다는 것입니다. 사실 우리 인간은 모두 똑같이 현재를 살고 있고, 같은 지구 공동체에서 살아가는 생명체로서 수많은 공통점을 공유하며 살아가고 있습니다. 그런데 하나님을 믿는 우리들은 조금 달라요. 만약 이 책을 함께 읽고 있는 비기독교인이 있다면 지금까지 책수다를 떨어왔던 시간이 낯설기도 하고, 이해할 수 없기도 했을 것입니다. 다른 세계의 사람들처럼 이야기를 나누었으니까요.

요즘은 '세계관'이라는 단어를 꽤 많이 사용합니다. 판타지 소설 속 세상을 공감하고 몰입하려면 그 세계의 세계관을 이해해야 하고, 마블 시리즈 같은 영화를 이해하기 위해서도 그 영화의 세계관이 필요합니다. 그런데 기독교를 이해하는데도 세계관이 필요합니다. 신의 존재를 부정하는 사람들의 생각과 신이 실존한다고 생각하는 사람들의 생각은 완전히 다를 수밖에 없으니까요. 무신론자들은 자기 삶의 주인이 바로 자신입니다. 잘하든 못하든 그 결과는 오직 자신의 몫입니다. 그리고 신을 믿지 않는 사람들은 대체로 육체와 영혼을 분리해서 생각하지 않습니다. 숨이 멈추는 순간이 육체의 마지막이자 우리 존재의 마지막이라고 생각하지요.

그러나 유신론자들의 생각은 다릅니다. 세상을 관할하고 인간을 바라보는 전지전능한 존재에 비해 인간은 연약하고 불완전한 존재라고 생각합니다. 겸허한 삶의 태도를 갖지 않을 수 없지요. 지옥이나 천국과 같은 내세에 관한 생각이 현세를 착하게 살게 하는 것과 같은 이치입니다. 물론 종교가 있다고 모두 착한 사람이라는 말은 아니에요. 그러나 신의 존재를 '진심'으로 받아들인 사람은 다른 삶을 살 수밖에 없습니다. 육체의 죽음 뒤에 또다른 시간이 있고, 그 시간을 결정하는 것이 현세의 삶이 되니까요.

기독교인들은 육체의 삶뿐 아니라 영적인 삶을 중요

시합니다. 삼위일체의 하나님 중 한 분이신 성령 하나님의 인도하심으로 예수님을 닮아가는 삶, 즉 영적 삶을 만들어가며 '성화'(sanctification, 하나님을 믿는 사람답게 구별되어 살아감)되는 길을 걸어야 합니다. 이것이 '믿음'의 길입니다. 신의 존재, 유일하신 하나님을 믿는다는 것은 눈에 보이지 않는 존재에 대한 인정이며 그를 따르는 길입니다. 그래서 우리는 기독교적 세계관을 갖고 하나님의 뜻을 발견하며 사는 특별한 사람들입니다.

이번에 함께 이야기 나눌 책은 『예수님이라면 어떻게 하실까』라는 책입니다. 기독교 명저이자 고전으로 알려진 책입니다. 지금까지 많은 책 이야기를 나누었지만, 기독교책은 처음이네요. 현실적으로 청소년뿐만 아니라 모든 기독교인이 종교 도서로 분류되는 책을 접하기가 쉽진 않아요. 이런 종류의 책이 많지 않은 것도 사실이니, 소개해주는 사람도 별로 없고, 뭔가 재미는 없고 교리적일 거라고 생각하게 되지요. 그러나 가끔은 이런 책을 읽는 시간이 필요하답니다. 하나님과 함께하는 삶을 온전히 느낄 수 있거든요. 선교사님들의 이야기나 신앙 선배들의 이야기를 귀기울여 듣다보면 하나님의 실존하심을 깨닫게 되곤 해요.

저는 이 책을 대학교 1학년이 되어서야 만났습니다. 선교 훈련을 받을 때였어요. 책을 읽어내려가며 가슴 벅차던 그 순간의 느낌이 지금도 생생합니다. '믿음이란 이런 것이구나, 이렇게 믿음의 길을 걸어가야 하는구나!' 그때 느꼈던 그 감격을 여러분과 함께 나누고 싶었습니다.

진정한 크리스천이라면

이 소설의 배경은 미국의 레이몬드 시입니다. 그곳에서 가장 크고 유명한 '제일교회'를 담임한 헨리 맥스웰이라는 목사는 우연한 기회에 성직자로서의 새로운 삶을 살게 됩니다. 설교 준비와 여러 가지 교회 일로 바쁘게 하루를 보내던 어느 날, 맥스웰 목사는 집으로 찾아온 남루한 인쇄공과 만납니다. 산업혁명 이후 급속도로 발달한 기계 문명으로 인해 사람이 하던 일을 기계가 대신하고 노동자가 실직자로 전락하는 일은 비일비재했습니다. 그도 그런 실직자였습니다.

맥스웰 목사는 그런 사람을 접하는 것이 너무 흔했

기 때문에 심각하게 생각하지 않았습니다. 일자리를 추천해 줄 수 없냐는 말에 '미안하지만, 자신도 별다른 방법이 없다.'는 말로 돌려보냅니다. 그렇게 그 일이 잊혀지나 했지만 주일 아침, 맥스웰 목사의 설교가 이어지던 중 그가 교회에 들어와 자신의 삶이 얼마나 피폐했는지를 역설하며 목사님의 설교가 얼마나 공허한지를 지적합니다. 자기 주위에도 그리스도인이 많았지만 누구도 자신을 돕지 못했다구요. 자신의 아내가 죽어갈 때조차 도움을 받지 못했음을 호소합니다. 그리고 대체 주의 발자취를 따른다는 것이 무엇이냐며, 예수님이라면 어떻게 했겠느냐는 질문을 던지고 쓰러집니다. 그는 목사의 집으로 옮겨졌지만 사흘만에 세상을 떠나고 맙니다.

맥스웰 목사는 그날 이후 달라집니다. "예수님이라면 어떻게 하실까?"라는 질문을 그의 중심에 두기 시작합니다. 또한 제일교회 성도들도 이 질문과 대면하도록 이끕니다. 스스로에게 질문하는 삶을 살자고 제안하지요. 그 해답에 따라 살겠다는 서약까지 하자고 합니다.

그의 교회에는 레이몬드 시를 움직이는 사람들이 많았습니다. 신문사의 대표, 철도공작소 소장, 링컨대학의

학장, 유명한 외과 의사 등 사회적 명망이 높은 사람들
이 그의 말을 듣고 있었지요. 이 성도들이 조금씩 움직
이기 시작합니다.

책을 읽으며 '만약 나라면 이 서약에 동참할까?'라는
생각을 수십, 수백 번 했었습니다. 이 서약이 몰고 올 파
장이 두려웠을 테니까요. 한때 우리나라 기독교인들 사
이에 대유행을 만든 차량용 스티커가 있었습니다. 테두
리 선으로만 표현된 물고기 모양 안에 '익투스'(물고기라
는 뜻) ⬮IXTHYS⬮ 라는 그리스어 대문자가 쓰여 있었지요. 이
그림은 기독교 박해가 있었던 초기 그리스도인들에게
서로가 그리스도임을 알리는 암호와 같은 표시였다고
합니다. 물고기라는 대문자를 풀어쓰면 이런 의미에요.

'Ἰησοῦς Χριστος Θεου Υιος Σωτηρ
주는 나의 그리스도시며, 하나님의 아들이시라.'

차량용 스티커로 만들어진 이 그림을 기독교인들은
저마다 자기 차 뒤에 붙이고 다녔어요. 하나님을 믿는
자라는 자부심에 막 붙이긴 했는데 이걸 붙이고 나니 교

통 법규 위반도 못 하겠고, 천사 같은 행동만 해야 할 것
같아 점점 부담스러워지기 시작했습니다. 그러다 한 사
람 두 사람 슬그머니 스티커를 떼어버리고 유행도 어느
새 사라졌다는 웃지 못할 일이 있었습니다. 예수님을 머
리로 아는 것과 진정한 크리스천이 되겠다고 믿음으로
다짐하는 일은 별개인 것 같습니다. 매사에 그리스도의
뜻을 따라가는 삶은 결코 호락호락 한 일이 아니니까요.

'예수님이라면 어떻게 하실까?'라고 스스로에게 묻기
시작하면 제약이 많아집니다. 하지 않아야 할 것과 해
야 할 것이 많이 생기니까요. 그러나 그런 것이 믿음입
니다. 우리가 믿는 것이 구원을 주신 예수 그리스도라면
'복음의 빚'을 진 자로 그리스도를 닮아가는 삶을 살아
야 하니까요.

예수님의 발자취를 따라서

출간 당시 이 책의 제목은 『In His Steps 예수님의 발
자취를 따라서』였습니다. 'What would Jesus do? 예수
님이라면 어떻게 하실까?'는 책의 부제였구요. 책의 주
제라고 할 수 있는 이 말은 예수 그리스도의 복음을 믿

는 사람이라면 누구든 삶의 중심으로 두어야 할 질문입니다.

〈레이먼드 데일리 뉴스〉의 사장 에드워드 노먼은 크나큰 적자를 감수하고 신문 기사를 '선별해서' 싣기 시작합니다. 대중이 관심이 있고 인기 있는 기사보다 의미 있는 기사를 찾기 시작하지요. 일요판 신문은 내지 않기로 합니다. 주일은 쉬는 날이며 예배의 날이며, 하나님의 날이니까요. 광고까지도 예수님이 싫어하실만한 것은 싣지 않기로 합니다. 술과 담배 광고는 신문사에 수익을 보장하지만 실을 수 없었지요.

철도공작소 소장 파워스 씨는 자기 사무실을 노동자들의 상담실로 만듭니다. 그리고 자신의 회사가 저지른 범법 행위를 발견하자 고발하기로 결심합니다. 경제적으로 안정되고, 사회적 지위도 있는 자리를 내려놓고 내부 고발자가 되기로 결심하는 일은 쉽지 않습니다. 하지만 그는 해냅니다. 하나님은 정의를 사랑하시는 분이니까요.

예배 때마다 감동적인 찬양을 들려주는 레이첼 윈슬로우는 유명한 오페라단 입단 제안을 받고 깊은 고민에 빠집니다. "예수님이라면 어떻게 하실까?" 레이첼은 주위 모든 사람의 반대를 무릅쓰고, 음악가로서 탄탄한 길을 마다하고, 레이먼드 시에서 가장 악명높은 렉텡글이라는 빈민가에서 찬양을 하기로 결단합니다. 그곳에서 거칠고 공격적인 빈민가 사람들을 회심시키기 시작합니다. 그녀는 천사의 목소리로 렉텡글 사람들의 상처를 보듬고 영혼을 치유하지요.

그들의 결정은 세상 사람들이 보기엔 어리석기 그지없습니다. 그럼에도 불구하고 서약자들은 자신의 길을 하나씩 찾아갑니다. 형식적인 서약서 때문이 아니라 예수님과 일대일의 인격적 관계가 생기기 시작한 것입니다. 단지 성경책 속에서 배운 예수님이 아니라 내 마음에 임재하신 예수님과 실제로 만나 예수님이라면 어떻게 하셨을지 묻기 시작한 것입니다.

서약자들의 모임

서약자들의 모임은 점점 열기를 더하며 틀이 잡혀갑니다. 모임을 이끄는 맥스웰 목사조차도 감동을 느끼게 되지요. 서약자들은 자신의 고충에 관해 이야기 나누며 문제를 해결할 방법을 고민하게 됩니다. '연대'가 시작됩니다. 어려움이 없었던 것은 아니었어요. 노먼 사장은 신문사의 엄청난 적자를 견뎌내야 했고, 예수님의 사랑을 실천하는데 자신의 재산과 삶을 내어놓은 버지니아는 자신이 빈민가에서 구한 여인 로린이 술 취한 폭도들이 던진 술병에 맞아 죽는 모습을 보아야 했어요. 빈민가에서의 예배는 회심자들을 어디까지, 언제까지 책임질 수 있느냐는 추궁과 맞닥뜨려야 했고, 서약자들의 모임은 이들의 고군분투를 광신도들의 모임 정도로 해석하는 무리의 비난도 견뎌야 했습니다. 그렇게 서약자들의 모임은 힘겨운 1년을 넘기고 있었습니다.

그러나 캘빈 브루스 목사의 편지는 서약자들의 모임과 그들의 행보가 어떤 영향을 미치고 있었는지를 명확하게 보여줍니다.

"캑스턴 박사님, 이러한 생각은 정말 놀라운 것이지만 너무 혁신적이며 원대한 포부라서 저는 망설이지 않을 수 없습니다. 물론 모름지기 기독교인이라면 이곳 레이먼드의 진실한 교인들이 그러하였듯이 모든 일에 주님의 발자취를 따르고자 적극 노력해야 한다는 점에 대해서는 동의합니다.

그러나 시카고교회 성도들에게 이런 제의를 했을 때 과연 그 결과가 어떻게 될지 자문해 보지 않을 수 없더군요."

우리 역시 그렇지 않은가요? 우리 교회에서, 그리고 나 자신에게 이런 레이먼드 제일교회의 서약자들과 같은 삶을 제의한다면 어떤 반응이 나올지 생각하게 됩니다.

캘빈 브루스 목사는 결국 자신이 목회하는 교회로 돌아와 제일교회의 서약과 동일한 서약에 동참할 것을 교인들에게 제의합니다. 레이먼드의 역사가 시카고로 옮겨지기 시작한 것입니다. 오늘, 이 시대에도 믿음의 행보가, 그리스도인의 선한 영향력이, 하나님의 역사하심에 동참할 그리스도인의 연대가 있어지길 기도합니다. 단지 소설 속 이야기가 아닌 우리의 삶에 실제로 살아 움직이는 이야기가 되길 간절히 기도합니다.

Q 『예수님이라면 어떻게 하실까?』는 기독교 문학입니다. 하나님의 임재하심만을 이야기하는 기독교 책을 읽은 느낌을 말해보세요.

Q "예수님이라면 어떻게 하실까?"라는 질문 앞에 많은 사람들이, 심지어 시카고 지역의 다른 목사님들마저도 망설이고 옳은 길이 아니라고 생각했던 이유는 무엇일까요?

Q 삶에는 '우선순위'가 존재합니다. 우선순위에 의해 선택이 결정되니까요. 내 삶의 우선순위를 5위까지 적어보세요.

Q 우리가 삶 속에서 예수님의 뜻이 무엇인지 알 수 있는 방법에는
무엇이 있을까요?

Q '링컨대학'의 학장 도널드 마쉬는 서약을 한 뒤, 공무원의
부정부패를 없애는 것을 자신의 소명이라고 느낍니다. 돌아오는
선거에 시의 이익보다 퇴폐업소를 없애고 부정부패를 저지르지
않을 인물이 당선되도록 선거를 돕습니다. 만약 내가 정치적으로
사회적으로 영향력 있는 인물이라면 '예수님이라면 어떻게
하실까?'를 생각하며 개혁하고 싶은 것은 무엇인가요?

Q 내가 속한 공동체에 나는 어떤 선한 영향력을 미칠 수 있을까요?
하나님께서 주신 달란트로 나의 '쓰임'을 고민해 보세요.

『내 마음 그리스도의 집』 로버트 멍어, IVP

수십 년간 남녀노소를 불문하고 수많은 그리스도인이 영적 성장을 위한 교과서로 애독해 온 책입니다.

64쪽의 짧은 이야기 속에는 '집'이라는 알기 쉽고 간단한 비유로, 우리 삶의 모든 영역에 예수님을 주인으로 인정하는 과정이 담겨 있습니다. 책을 읽다 보면 그리스도의 눈으로 세상을 보는 것, 그리스도의 귀와 입이 되어 듣고 말하는 것에 관해 생각해 볼 수 있습니다.

믿음은 우리 마음에 그리스도를 주인으로 모시는 것임을 알고 고백할 수 있게 하는 이야기입니다.

생각하는 질문 만들기

이야기 속에는 집 안 곳곳의 장소와 물건들이 등장합니다. 이 장소와 물건들이 어떤 비유로 쓰였는지 찾아가다 보면 내 삶의 중심에 어떻게 그리스도를 주인으로 모실지 깨닫게 된답니다.

소망을 심는
자로 살기

『나무를 심은 사람』, 장 지오노, 두레

#소망 #기다림 #소명 #믿음의길 #비전

"사랑하는 자들아, 우리가 지금은 하나님의 자녀라. 장래에 어떻게 될지는 아직 나타나지 아니하였으나 그가 나타나시면 우리가 그와 같을 줄을 아는 것은 그의 참모습 그대로 볼 것이기 때문이니, 주를 향하여 이 소망을 가진 자마다 그의 깨끗하심과 같이 자기를 깨끗하게 하느니라."
(요한일서 3장 2~3절)

그리스도인이 가져야 할 '소망'에 관해 이보다 명확하게 표현한 말이 있을까요? 이 말씀은 예수님의 사랑받는 제자였던 사도 요한이 기록한 서신 중 한 편에 들어있는 말씀입니다. 특별히 요한일서는 초대교회에 침투한 영지주의(초기 기독교 시대에 예수님의 성육신을 부정하고, 구원의 요소가 신비주의적 환영과 깨달음이라고 주장했던 사상)와 잘못된 교리를 경계하고 참된 신앙과 사랑의 중요성을 강조하기 위해 기록된 것이라고 합니다.

요한은 요한 일·이·삼서를 통해 교회와 그리스도인들이 지켜야 할 기본적인 교리에 관해 설명합니다. 초대

교회 당시 성도들은 명확한 교리라는 것을 가질 수 없었습니다. 기독교가 생성되는 시기였고, 그와 동시에 박해가 있었기 때문입니다. 더불어 영적 유혹이 될 수 있는 이단들이 난무하던 시절이기도 했습니다. 예수님의 제자였던 사도들은 피나는 노력으로 그리스도에 관한 올바른 믿음과 태도를 가르쳐야 했습니다. 그 노력의 결과물들이 신약의 서신서들입니다. 그래서 이 글들에는 현재를 사는 우리 그리스도인들도 꼭 기억해야 할 '기본'들이 담겨 있습니다.

소망이라는 단어는 필연적으로 '대상'을 내포하고 있습니다. '어떤 것'을 바라는 것이 소망이니까요. 우리가 가진 소망은 어떤 것일까요? 아니 어떤 것이어야 할까요? 우리들 대부분은 돈을 많이 벌길 소망하고, 유명해지거나 높은 지위와 권력을 가지길 소망합니다.

선생님과 함께 책 공부를 하는 친구 중 한 명에게 꿈이 뭐냐고 물어본 적이 있습니다. 없다고 하더라고요. 그러더니 다시 말했어요. "아, 있어요. 편안히 놀고먹으면서 돈은 많이 버는 거요."라고 했습니다. "나도!"라고 말할 뻔 했습니다. 세상의 소망은 이와 같을지 몰라도 하나님과 함께 인생길을 걷는 우리는 조금 다른 소망을 품어야 하지 않을까요? 어떤 소망이 그런 소망일지 설명해 주는 멋진 책이 있습니다.

황무지에 자리 잡기

"약 40여 년 전의 일이다. 나는 여행자들에게는 거의 알려져 있지 않는 고산지대로 먼 여행을 떠났다. 그곳은 알프스 산맥이 프로방스 지방으로 뻗어 내린 아주 오래된 산악지대였다."

『나무를 심은 사람』은 이렇게 한 남자가 건네는 독백 같은 말로 시작합니다. 그가 찾아 들어간 그곳은 헐벗고 단조로운 황무지였습니다. 뼈대만 남은 버려진 마을, 마실 물조차 찾을 수 없는 곳, 살아있는 것이라고는 전혀 없는 곳을 지나고 있었습니다. 모든 곳이 똑같이 메마르고 거친 풀들만 보이는 그곳에서 그는 작고 검은 실루엣 하나를 발견합니다. 30여 마리의 양과 함께 있던 그 양치기는 지친 여행자를 자신의 집으로 데려갑니다. 그 집은 돌로 만든 든든한 집이었고, 황무지에 세워졌다고는 믿을 수 없을 만큼 훌륭했습니다. 살림살이는 잘 정돈되어 있었고, 그 양치기의 모습도 단정하고 나무랄 데 없이 상냥했습니다. 그곳에 하룻밤 머물게 된 여행자는 양치기에게서 이상한 점을 발견하게 됩니다.

그는 저녁을 먹고 매일 정성스럽게 백 개의 도토리를 골랐고, 다음날 산등성이로 올라가 그것을 심는다고 했습니다. 그곳은 양치기의 땅도 아니었으며 심지어 누구의 땅인지 관심조차 없었습니다. 그저 정성스럽게 도토리 백 개를 심을 뿐이었습니다. 3년 전부터 그렇게 홀로 십만 개의 도토리를 심었고 그중 이만 그루의 싹이 나왔다고 했습니다. 그 싹 중에 또다시 여러 이유로 반이 죽는다고 해도 만 그루는 남을 것이라는 '소망'을 가지고 있었습니다. 그는 너도밤나무 재배법을 연구하며 묘목도 기르고 있었습니다. 자신이 터로 잡은 황무지가 숲이 되길 소망하고 있었습니다.

여행자는 무모한 양치기의 도전이 어리석어 보이기도 했지만 경이로워 보이기도 했습니다. 묵묵히 자신의 소망을 현실로 만들어 가는 모습을 놀라움으로 바라보았습니다. 우리의 소망도 양치기의 소망과 같은 것입니다. 현실적으로 보면 불가능한 것입니다. 우리의 소망은 단순한 바람이 아니라 현재의 삶을 넘어 영원한 생명을 부여받고 하나님과 동행하는 것을 의미하기 때문입니다. 세상의 고난과 불완전함을 넘어 하나님께서 모든 것을 새롭게 하실 그날을 기다리는 것이기 때문입니다.

황무지가 숲이 되기까지

여행자가 다시 황무지를 찾은 것은 1차 세계 대전이 끝난 후였습니다. 엘제아르 부피에, 그 양치기는 여전히 나무를 심고 있었고, 황무지였던 그곳은 물이 흐르는 숲으로 변해있었습니다.

> "이 모든 것이 아무런 기술적인 장비도 갖추지 못한 오직 한 사람의 영혼과 손에서 나온 것이라 생각하니, 인간이란 파괴가 아닌 다른 분야에서는 하느님처럼 유능할 수 있다는 생각이 들었다."

이 말은 작중 화자의 말이자 장 지오노 작가가 하고 싶은 말이 아니었을까 생각합니다. 그는 실제로 전쟁에

참전하여 끔찍한 참상을 보고 극렬한 평화주의자가 되었다고 합니다. 그런 그가 하고 싶었던 말은 바로 우리 인간이 참여해야 할 분야는, 소망해야 할 미래는, 파괴가 아니라 생명이라는 것이 아니었을까요.

우리의 소망은 생명에 있고, 우리의 도토리는 복음입니다. 복음이 심어진 곳에 수많은 생명이 돋아나길 우리는 소망해야 합니다. 십만 개의 복음을 심고, 만 개의 생명이 싹튼다 할지라도 우리의 소망은 유효합니다. 우리는 소망을 멈추지 않을 것이며, 어느 날인가 숲을 볼 수 있을 것이니까요.

여행자는 그 후 일 년에 한 번씩 그를 찾아가 그가 가꾼 숲을 보고 오기 시작했습니다. 1945년 부피에가 87세 되던 해 마지막으로 그를 만났을 때 황무지였던 마을은 물소리가 끊이지 않고 채소밭에 채소가 가득하고, 사람들이 돌아와 희망을 가꾸고 살아가는 새로운 마을이 되어 있었습니다.

고난이 거름이 되어

부피에의 삶의 여정에 고난이 없었던 것은 아닙니다. 일 년에 한 번씩 부피에를 찾아갔던 여행자는 말합니다.

"그가 겪은 시련은 누구도 알지 못할 것이다. 나는 그가 겪었을 좌절에 대해서는 깊이 생각해 보지 않았다. 그러나 그와 같은 성공을 거두기 위해서는 많은 어려움을 이겨내야 했을 것이고, 그러한 열정이 확실한 승리를 거두기 위해서는 절망과 싸워야 했으리라는 것을 쉽게 상상할 수 있었다."

부피에는 일 년 동안에 일만 그루가 넘는 단풍나무를 심었으나 모두 죽어버리는 일을 당해 단풍나무를 포기하고 너도밤나무를 심기도 했습니다. 척박한 자연과 싸우는 일에 지칠 무렵 두 차례의 전쟁이 있었고, 2차 세계 대전 당시 많은 자동차들이 목탄 가스로 움직였기 때문에 부피에가 1910년에 심은 나무들 역시 연료로 베어져 나가는 일도 당합니다.

그러나 그는 포기하지 않고 묵묵히 자신의 소망을 향해 뚜벅뚜벅 걷습니다. 당장에 보이는 것을 하겠다고 결심하는 것은 '목표를 정한다'라고 합니다. 보이지 않는 것을 기대하고 바랄 때 우리는 '소망한다'라고 하지요.
우리는 양치기 부피에와 같이 소망을 품은 사람들입니
다. 넘어지고 깨어져도 다시 일어납니다. 고난이 거름이
되어 소망을 이루게 될 테니까요.

"우리가 환난 중에도 즐거워하나님 이는 환난은 인내를,
인내는 연단을, 연단은 소망을 이루는 줄 앎이로다." (로마서
5장 3~4절)

Q 『나무를 심은 사람』은 하나의 소망을 포기하지 않고 지켜낸 사람의 이야기입니다. 지금 내가 심고 있는 소망은 무엇인가요?

Q 다음은 부피에가 일으킨 기적에 관해 책에서 표현된 구절입니다. 이 구절이 어떤 뜻인지 해석해 보세요.

> "위대한 혼과 고결한 인격을 지닌 한 사람의 끈질긴 노력과 열정이 없었던들 이러한 결과는 있을 수 없었을 것이다. 엘제아르 부피에, 그를 생각할 때마다 나는 신에게나 어울릴 이런 일을 훌륭하게 해낸 배운 것 없는 늙은 농부에게 크나큰 존경심을 품게 된다."

Q 부피에는 누구의 도움도 없이 홀로 그 모든 일을 해냅니다. 그가 했던 일이 함께 해서 더 좋은 결과를 얻을 수 있는 일은 아니었던가요? 부피에의 방법에 관해 토론해 보세요.

Q 『나무를 심은 사람』은 자연과 인간의 관계를 이야기하는 작품이기도 합니다. 책을 읽고 깨닫게 된 자연과 인간의 관계는 어떤 것인가요?

Q 부피에는 홀로 많은 일을 견뎌낼 만큼 내면의 힘을 가진 사람이었습니다. 그가 가진 내면의 힘은 어떤 것일까요?

Q 그리스도인은 천국의 소망을 품고 살아가는 사람들입니다. 그리스도인이 세상에 심어야 할 소망이기도 합니다. 하나님을 믿는 사람들이 세상에 '개독교인', '먹사(먹기 위해 목사라는 직업을 한다고)', '잡사'(집사를 '잡것'의 '잡'자로 비하)로 불리지 않으려면 어떻게 해야 할까요?

『친구가 되어 주실래요?』 이태석, 생활성서사

<울지마, 톤즈>로 전 국민을 울렸던 선교 사제 이태석 신부의 아프리카 선교 이야기를 담은 책입니다. 사제라는 신분을 넘어서 선교 현장에서 평범한 이웃의 한 사람이 되어 주었던 친구이자, 아픈 곳을 치료해 주었던 그가 그의 아름다운 삶을 담담히 써 내려간 유일한 저서입니다. 그는 가고 없지만 그의 삶은 우리 모두에게 긴 여운을 남겼습니다. 척박하고 메마른 땅을 향해 품었던 그의 아름다운 소망 덕분에 그 땅에 사랑과 희망이 움텄습니다.

그는 아이들에게 음악을 가르치고, 천국을 소망하는 법을 가르쳤습니다. 무엇과도 비교할 수 없는 행복을 찾는 법을 알려준 것입니다.

생각하는 질문 만들기

이태석 신부의 행보를 따라가며 세상이 아닌 자신의 마음에 질문을 던져보세요. 나의 소망이 무엇이며 내 소망의 끝은 어딜지 상상하며 현재의 삶과 미래의 삶을 계획해 보세요.

사랑을 내 안에
예수님처럼

『긴긴밤』, 루리, 문학동네

#사랑 #상처 #치유 #사랑의힘 #하나님의사랑

'하나님은 어떤 분이실까?'라는 질문에 정답을 알려준 사람이 있습니다. 사도 요한입니다. 그는 하나님을 '사랑'이라고 단호하게 답합니다.

"사랑하지 아니하는 자는 하나님을 알지 못하나니 이는 하나님은 사랑이심이라." (요한 1서 4장 8절)

하나님이 사랑이시라니 어떤 의미일까요? 우리가 누군가에 대해 비유할 때는 그 사람의 성품과 행동을 빗대어 표현합니다. 타인을 위해 자신의 것을 희생하는 사람을 보면 '날개 없는 천사다.'라고 말하기도 하고, 악한 일을 주저하지 않는 사람을 보면 '인간이 아니라 악마다.'라고 말하기도 합니다. 그러니 요한이 '하나님은 사랑이다.'라고 말한 것은 하나님의 성품과 하나님의 모습이 사랑의 본질과 같다는 의미일 것입니다.

성경 안에는 하나님이 사랑이심을 보여주는 장면이 너무 많이 있습니다. 일일이 말하기 버거울 정도로 있지요. 신학자들은 이것들을 아주 간단히 정리해서 삼위일체의 하나님이 전적으로 사랑임을 말합니다. 창조주 하나님은 죄로 물든 인간을 위해 구원을 계획했고, 하나님의 아들이신 예수님은 구원을 성취했으며, 성령 하나님은 구원받은 자들을 지키신다고요. 그러니까 삼위일체의 하나님이 인간에 대한 사랑으로 똘똘 뭉쳤다는 이야기입니다.

성경 안에는 '삼위일체'라는 단어가 없습니다. 그러나 기독교에서 중요한 신학적 개념이니 조금만 이야기하고 넘어갈게요. 어려운 개념이라 신학자가 아닌 선생님은 기본적 설명밖에는 할 수 없어요. 더 궁금한 건 주위에 전도사님이나 목사님께 물어보기로 합시다. 간단히 말해 하나님은 성부와 성자와 성령의 세 위격(인격)을 가지는데, 동일한 본질을 공유하며 하나의 실체로서 존재한다는 것입니다. 동일한 실체에 다른 '페르소나'라고 표현 되기도 합니다.

우리가 알아야 할, 그리고 가져야 할 사랑에 관해 이야기하기 위해 불러드린 이야기는 『긴긴밤』입니다. 춥고 어두운 긴긴밤 속 사랑을 따라가 보겠습니다.

어린 펭귄을 위해

『긴긴밤』은 알을 막 깨고 나온 어린 펭귄과 세상에
마지막 하나 남은 흰바위코뿔소의 동행을 그린 이야기
입니다. 그들은 메마른 황무지를 견뎌내며 긴긴밤을 함
께 합니다. 흰바위코뿔소는 어린 펭귄이 마땅히 있어야
할 곳, 안전한 곳에 이르게 하기 위해 푸르른 바다를 향
해 쉼 없이 가지요.

코뿔소 노든은 원래 초원에서 살았습니다. 코뿔소의
뿔을 탐하는 인간들의 횡포로 아내와 딸을 잃고 동물원
으로 잡혀가게 됩니다. 그곳에서 만난 친구 앙가부도 노
든이 치료를 위해 잠시 자리를 비운 날, 홀로 뿔 사냥꾼
에게 뿔이 잘린 채 죽음을 맞이하게 됩니다. 노든은 깊
은 상실감과 인간에 관한 증오에 빠지고 맙니다. 그는
삶에 목표를 인간에 대한 복수로 정하지요.

그러던 어느 날, 동물원에 굉음이 들립니다. 동물원
대부분이 파괴되고 불타오르지요. 살아남아 동물원을
탈출하던 노든은 펭귄 치쿠를 만납니다. 품고 있던 알

하나를 양동이에 넣어 물고 동물원을 탈출하던 중이었습니다. 원래 그 알은 치쿠가 '웜보'라는 동물원의 다른 펭귄과 함께 지키던 알이었습니다. 어디서 굴러왔는지 모르는 알을 웜보와 치쿠가 지켜주기로 한 것이지요. 웜보는 오른쪽 눈이 불편한 치쿠를 위해 늘 오른쪽에 서주던 친구입니다. 다른 펭귄 친구들의 따돌림도 웜보 덕분에 이겨낼 수 있었지요. 그는 동물원의 폭격으로 커다란 철봉에 깔려 피투성이가 되면서도 알이 다치지 않게 품습니다. 그렇게 웜보가 지켜낸 알을 치쿠가 맡아 바다로 보내려는 소망을 품고 노든과 함께 험한 길을 떠납니다.

하지만 메마르고 거친 사막에서 오랜 시간 걷던 치쿠는 목숨을 다해 알을 지키다 결국 죽고 맙니다. 웜보와 치쿠에게 그 알이 누구의 알인지는 중요하지 않았습니다. 자신들의 알인 양 사랑을 다해 지킵니다. 치쿠의 사투를 보았기에 노든 역시 알을 꼭 바다에 데려다주라는 치쿠의 유언을 외면할 수 없었습니다. 여기서부터 노든의 깊은 사랑이 시작됩니다. 복수심과 분노로 가득찼던 노든의 마음에 사랑이 채워지기 시작합니다.

웜보와 치쿠의 사랑에는 이유가 없습니다. 진짜 사랑

은 이유가 없는 것이지요. 예수님도 우리를 그렇게 사랑하셨습니다. 죽기까지 우리를 지켜내셨지요.

치쿠가 죽고 곧 어린 펭귄이 태어납니다. 노든은 또다시 친구를 잃고 혼자가 되었지만 지켜야 할 생명이 생겼으니 슬퍼할 틈도 없습니다. 사막의 메마름을 견디며 둘은 끝없이 걷습니다. 사랑하는 모든 이가 죽고 세상에 혼자 남겨진 흰바위코뿔소, 자신의 생명을 지켜내기 위해 목숨까지 아끼지 않았던 윔보와 치쿠 덕분에 태어난 어린 펭귄, 둘은 살기 위해 안간힘을 씁니다.

"그런데 포기할 수가 없어. 왜냐면 그들 덕분에 살아남은 거잖아. 그들의 몫까지 살아야 하는 거잖아. 그러니까 안간힘을 써서, 죽을힘을 다해서 살아남아야 해."

우리 역시 예수님의 사랑으로 살아남은 자들입니다. 안간힘을 써서 살아남아, 바다로 가야 할 것입니다.

이름이 없는 펭귄

"나에게는 이름이 없다. 하지만 나는 내가 누구인지 알고 있다. 나에게 이름을 갖는 것보다 더 중요한 것을 가르쳐 준 것은 아버지들이었다. 나는 아버지들이 많았다.

나의 아버지들은 모두 이름이 있었다. 이 이야기는 나의 아버지들, 작은 알 하나에 모든 것을 걸었던 치쿠와 웜보, 그리고 노든의 이야기다."

『긴긴밤』의 첫 장을 넘기면 나오는 나레이션입니다. 이야기의 시작을 알리는 짧은 독백 속에 '이름'이라는 단어가 세 번이나 등장합니다. 보통 이름은 고유성이나 정체성을 의미합니다. 이름이 주어짐으로써 비로소 의미를 얻게 되고 존재 가치를 지니게 된다고 하지요. 그러나 이 이야기에서 이름의 의미는 조금 다릅니다. 인간에 의해 주어진 이름, 인간의 통제와 폭압을 상징하지요. 노든은 이름을 갖고 싶어 하는 어린 펭귄에게 말합니다.

"누구든 너를 좋아하게 되면, 네가 누구인지 알아볼 수 있어. 아마 처음에는 호기심으로 너를 관찰하겠지. 하지만 점점 너를 좋아하게 되어서 너를 눈여겨보게 되고, 네가 가까이 있을 때는 어떤 냄새가 나는지 알게 될 거고, 네가 걸을 때는 어떤 소리가 나는지에도 귀 기울이게 될 거야. 그게 바로 너야."

사랑하는 부모님이 지어 주신 내 이름은 소중합니다. 예쁘게 살라는 소망을 담아서 지어 주신 이름이니까요. 그러나 하나님의 사랑은 그 어떤 것에도 제약이 없습니다. 내 모습 그대로를 사랑하십니다. 나를 규정하는 그 어떤 것도 하나님의 사랑을 막을 수 없습니다.

그림책 한 권이 생각나네요. 『너는 특별하단다』(맥스 루케이도)라는 그림책입니다. 웸믹이라 불리는 사람들이 사는 곳입니다. '엘리 아저씨'가 만든 나무 사람들이 사는 곳이지요. 그곳 사람들 사이에는 특별한 관습이 하나 있는데, 재주가 많거나 색이 잘 칠해진 웸믹들은 금빛 별표를, 나무 결이 거칠거나 재주가 없는 웸믹들은 잿빛 점표를 받습니다. 웸믹들은 하루 종일 이 표들을 붙이고 다니지요. 펀치넬로는 잿빛 점표가 가득한 자신이 싫습니다. 자꾸만 마음이 어두워집니다.

그러던 어느 날, 루시아라는 소녀의 몸에 어떤 표도 붙어있지 않다는 것을 알게 됩니다. 소녀를 만나 왜 너의 몸에는 어떤 표도 붙지 않느냐고 묻지요. 루시아는 나무 사람들을 만든 분, 엘리 아저씨를 찾아가라는 말만 남기고 사라집니다. 자존감이 떨어질 대로 떨어진 펀치넬로는 간절한 마음으로 엘리 아저씨를 찾아갑니다. 그리고, 엘리 아저씨의 말을 듣게 되지요.

> "펀치넬로야, 남들이 어떻게 생각하느냐가 아니라 내가 어떻게 생각하느냐가 중요하단다. 난 네가 아주 특별하다고 생각해." (중략) "왜냐하면 내가 널 만들었기 때문이지."

하나님 앞에서 우리는 모두 특별하고 소중한 존재입니다. 우리는 하나님의 작품이며, 자녀이기 때문입니다. 세상의 어떤 규정이나 판단이 우리를 얽어맬 수 없습니다.

사랑은

사랑에 관해 이야기하며 고린도전서 13장을 떠올리지 않을 수 없네요. 하나님의 사랑이 어떤 모습인지, 그리고 그 사랑을 받은 우리의 사랑은 어떤 모습이어야 할지 '사랑장'이라고 불리는 말씀에서 온전히 느껴보도록 하겠습니다.

> "내가 사람의 방언과 천사의 말을 할지라도 사랑이 없으면 소리 나는 구리와 울리는 꽹과리가 되고, 내가 예언하는 능력이 있어 모든 비밀과 모든 지식을 알고 또 산을 옮길

만한 모든 믿음이 있을지라도 사랑이 없으면 내가 아무것도 아니요, 내가 내게 있는 모든 것으로 구제하고, 또 내 몸을 불사르게 내줄지라도 사랑이 없으면 내게 아무 유익이 없느니라. 사랑은 오래 참고, 사랑은 온유하며, 시기하지 아니하며, 사랑은 자랑하지 아니하며, 교만하지 아니하며, 무례히 행하지 아니하며 자기의 유익을 구하지 아니하며, 성내지 아니하며, 악한 것을 생각하지 아니하며, 불의를 기뻐하지 아니하며, 진리와 함께 기뻐하고, 모든 것을 참으며, 모든 것을 믿으며, 모든 것을 바라며, 모든 것을 견디느니라. 그런즉 믿음, 소망, 사랑, 이 세가지는 항상 있을 것인데 그 중의 제일은 사랑이라." (고린도전서 13장 1~7, 13절)

코뿔소 노든은 역경을 딪고, 결국 푸른 바다가 있는 곳까지 어린 펭귄과 함께 갑니다. 자식같은 그 아이를 너른 바다로 보내게 되지요. 이후의 노든은 어떤 여생을 살게 되었을까요? 책 속 이야기는 노든의 마지막에 관해 많은 힌트를 남겨놓지 않았지만, 노든의 사랑이 용서와 치유를 만들었음을 분명히 느낄 수 있습니다. 사랑의 힘은 그 어떤 것보다 위대합니다.

Q 『긴긴밤』은 '사랑과 연대'에 관한 이야기입니다. 이 작품을 통해 느낀 사랑은 어떤 사랑인가요? 등장 인물들의 행동과 연관지어 생각해 보세요.

Q 『긴긴밤』 이야기 곳곳에는 인간에 의해 도륙당하는 동물들에 관한 이야기가 있습니다. 현대 사회의 쟁점이 되고 있는 '동물권'에 관해 폭넓게 토론해 보세요. 식용동물, 실험동물, 반려동물, 동물원 동물 등, 인간의 삶과 밀접한 관련이 있는 모든 동물을 떠올려 보세요.

Q 노든에게 상실감과 그리움, 인간에 대한 복수심, 두려움으로 가득찬 모든 밤은 긴긴밤이 될 수밖에 없었습니다. 잠들지 못하는 '긴긴밤'이 의미하는 것은 무엇인가요?

Q 노든이 코끼리 고아원을 떠나기 전 코끼리들은 "훌륭한 코끼리가 되었으니, 이제 훌륭한 코뿔소가 되는 일만 남았군 그래."라고 말합니다. 그리고 노든은 자신을 떠나 바다로 가는 아기 펭귄에게 "너는 이미 훌륭한 코뿔소야, 그러니 이제 훌륭한 펭귄이 되는 일만 남았네."라고 말합니다. 이 말의 뜻은 무엇이며, 어떤 힘이 있나요?

Q 아기 펭귄에게는 생명을 지켜준 세 아빠가 있었습니다. 나에게는 생명의 근원이자 삶의 길이 되신 삼위일체의 하나님이 계십니다. 하나님은 나에게 어떤 분이신지 고백해 보세요.

Q 살아가면서 우리가 '연대'하며 해결해야 할 문제들은 어떤 것이 있을까요? 혼자가 아니라 함께 해야 할 일들에 관해 생각해 보세요.

『울지 않는 달』 이지은, 창비

이야기 속 사람들은 언제나 달님에게 소원을 빕니다. 달에게 기도하면 무엇이든 이루어지리라 생각하지만 정작 달의 마음엔 아무 관심도 없습니다.

무책임하게 소원을 빌기만 하고 이기적인 삶을 살기만 하는 인간들의 기도에 지쳐가던 달님이 어느 날, 땅으로 떨어집니다. 그곳에서 만난 엄마 잃은 인간 아이, 그리고 엄마 늑대 카나, 카나와 달은 아이를 포식자 멧돼지로부터 보호하기 위해 안간힘을 씁니다. 달과 카나의 사랑을 지켜보며 하나님의 사랑, 부모님의 사랑 등 많은 사랑을 떠올리게 됩니다. 사랑의 깊이를 생각할 수 있는 책입니다.

생각하는 질문 만들기

그림책 작가 이지은이 쓴 첫 청소년 소설입니다. 이야기와 함께 펼쳐진 그림들을 꼼꼼히 살펴보며 그림의 의미를 함께 생각해 보세요. 나만이 떠올릴 수 있는 수많은 질문과 답이 만들어지게 될 것입니다.

시선을 바꾸는 일,
감사

『빨간 머리 앤: 초록지붕의 앤』, 루시모드 몽고메리, 현대지성

#감사 #긍정의힘 #즐거움 #자아존중 #그리스도인의삶

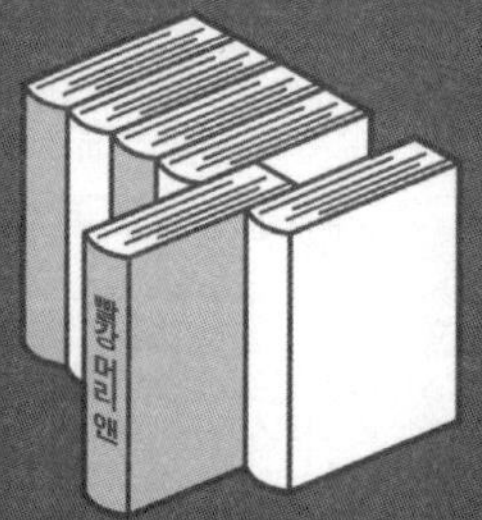

시선을 바꾸는 일,
감사

"주근깨 빼빼 마른 빨간 머리 앤, 예쁘지는 않지만 사랑스러워.
상냥하고 귀여운 빨간 머리 앤. 외롭고 슬프지만 굳세게 자라.
가슴에 솟아나는 아름다운 꿈, 하늘엔 뭉게구름 퍼져나가네."

한국에서는 1985년에 '세계 명작 만화'라는 타이틀로 방영된 '빨간 머리 앤'의 주제곡입니다. 타카하타 이사오 감독의 대표작 중 하나로 원작을 충실하게 재현해 작품성을 인정받은 애니메이션입니다. 이 작품의 원작은 캐나다의 소설가 루시 모드 몽고메리의 '빨간 머리 앤'으로 1908년에 출간된 소설입니다. 주인공 소녀 앤 셜리의 어린 시절로 시작하여 어른이 되기까지 전 생애를 감성 가득한 문체로 풀어내고 있으며 다양한 시대의 변화도 품고 있어 전집으로 출간된 긴 작품을 모두 읽어도 지루하지 않을 만큼 풍부한 서사를 자랑하는 작품입니다.

특히 첫 번째 이야기 『초록 지붕집의 앤』은 여러 나라에서 애니메이션과 영화, 뮤지컬 등 다양한 장르로 변

주되어 왔으며 시대를 지나며 잊혀지지 않고 오히려 마니아층을 만들어왔습니다.

앞서 애니메이션 주제곡의 가사에서 느낄 수 있는 것처럼 앤은 외로운 아이였습니다. 부모님이 일찍 돌아가시고 고아원에서 자랍니다. 하지만 천성이 밝고 명랑했던 앤은 어려움 속에서도 슬퍼하거나 좌절하지 않습니다. 항상 긍정의 힘을 발휘하지요. 작품 속 앤의 말은 언제나 독자에게 위로와 힘을 줍니다.

앤의 삶의 태도를 보며 독자들은 '앤앓이'를 할 수밖에 없게 됩니다. 주어진 삶과 상황을 '감사'로 맞이하는 태도를 보며 그리스도인이 어떤 자세로 살아야 할지 돌아보게 되지요.

몽고 메리 작가는 작품 곳곳에 성경 말씀과 비유로 채웁니다. 이는 스토리와 어우러지는 삶의 교훈과 풍자로 사용합니다. 믿음이 생활이 되는 삶, 삶이 경건이 되는 삶을 작품 속에서 발견할 수 있습니다.

앤 셜리의 명언들

마릴라 커스버트와 매슈 커스버트 남매는 둘 다 독신입니다. 나이를 꽤 먹었지만, 서로를 의지하며 단둘이 살아가고 있었습니다. 그러나 농장 일도 점점 힘이 들고, 적적해지자 일을 거들어 줄 남자아이를 입양하려고 합니다. 발이 넓은 이웃, 스펜서 부인에게 부탁을 했지만 아이를 마중 나간 기차역에는 빨간 머리에 주근깨 투성이, 깡마른 여자 아이만 서 있었습니다. 알고 보니 스펜서 부인의 실수로 여자아이가 오게 된 것이었습니다. 아무것도 모르고 새 가족을 만날 생각에 들떠 있었던 앤은 사실을 알고 깜짝 놀랍니다. 다시 고아원에 가게 되거나 성질 나쁘기로 유명한 블루잇 부인의 집으로 가게 되었으니까요.

잘못을 바로 잡으려던 마릴라는 그냥 앤을 입양하기로 마음 먹습니다. 강직한 마릴라가 상황이 나쁘게 돌아기는 것을 볼 수 없었던 것이지요.

앤은 덤벙쟁이에다 심각한 수다쟁이입니다. 상상력 대장이기도 하구요. 마릴라는 엄격하고 말이 없는 원칙론자입니다. 매슈는 좀처럼 말이 없는 과묵한 사람이며 어떤 여자와도 대화가 어려운 내성적인 사람입니다. 자녀를 키워본 적도 없고, 앤과는 정반애의 성격인 커스버트 남매는 앤과 함께 시끌벅적하고 정신 없는 하루하루를 보내기 시작합니다.

앤의 어린 시절은 아주 말썽쟁이였습니다. 일부러 말썽을 부리는 게 아니라 덤벙대다가 사고를 치는 아이였어요. 케이크를 만들 때 향신료인 줄 알고 두통약을 넣는다거나 절친 다이애나에게 주스를 준다며 과실주를 먹이는 실수도 합니다. 자신을 받아 준 마릴라 아주머니와 매슈 아저씨에게 늘 감사하기에, 도움이 되는 일을 하고 싶은데 자꾸 일이 엉켜버리곤 합니다.

하지만 앤은 늘 씩씩하고 의연합니다. 작은 일에 감사할 줄 아는 앤을 보고 있으면 지금 내가 처한 어려움도 감사함으로 이기게 됩니다. 우리를 향해 말하는 듯한 앤의 긍정 언어에는 넘치는 감사의 마음이 들어있습니다.

"뭐, 이것도 언젠간 알게 되겠죠. 나중에 알게 될 일들을 생각하는 것도 정말 멋져요. 그러면 살아 있다는 사실이 기쁘게 느껴지거든요. 세상은 재미있는 것으로 가득 차 있으니까요. 만약 모든 걸 다 알고 있다면 재미가 반으로 줄어들 거예요."

대부분의 사람들은 알지 못하는 것에 불안감을 느낍니다. 하지만 앤은 아직 알지 못하는 것들에도 감사를 하네요.

"가장 멋지고 즐거운 날이란 아주 인상적이거나 놀랍거나 신나는 일이 일어난 하루가 아닌 것 같아요. 오히려 진주를 한 알씩 실에 꿰듯 단순하고 평범하면서도 작은 기쁨이 하나씩 부드럽게 이어진 날이죠."

평범한 일상에도 감사하지요.

"마릴라 아주머니, 내일은 아직 아무런 실수도 저지르지 않은 새날이라는 게 참 멋진 것 같아요."

앤은 날마다 새로운 날들에도 감사합니다.

"조시 파이는 뜨개질 경기에서 1등을 했는데, 그때 제가 얼마나 기뻤는지 몰라요. 무엇보다 제가 기뻐했다는 사실이 가장 기뻤어요. 제가 점점 나아지고 있다는 증거잖아요. 그렇죠, 마릴라 아주머니?"

그리고 자신을 싫어하는 친구를 위해 기뻐할 수 있음에도 감사합니다.

"아주머니가 새 옷을 길게 만들어주셔서 얼마나 다행인지 몰라요. 짙은 초록색이 참 예뻐요. 주름 장식까지 달아주셔서 정말 감사해요."

사랑받고 있음에도 감사할 줄 압니다.

"모퉁이는 그것대로 매력이 있어요. 그 너머로 어떤 길이 이어질지 궁금해요. (중략)어떤 새로운 아름다움을 보게 될지, 어떤 모퉁이와 언덕과 골짜기가 있을지 궁금해요."

어린 앤 셜리는 아름다운 자연 앞에서 감사하고, 주어진 것들에 감사하고, 알아가는 것들에 감사하며, 다가올 미래에도 감사합니다. 마치 여호와 하나님 한 분 만으로도 감사하는 하박국 선지자의 모습 같습니다. 우리 역시 이런 감사를 배워야 하지 않을까요?

"비록 무화과나무가 무성하지 못하며 포도나무에 열매가 없으며 감람나무에 소출이 없으며 밭에 먹을 것이 없으며 우리에 양이 없으며 외양간에 소가 없을지라도 나는 여호와로 말미암아 즐거워하며 나의 구원의 하나님으로 말미암아 기뻐하리로다. 주 여호와는 나의 힘이시라. 나의 발을 사슴과 같게 하사 나를 나의 높은 곳으로 다니에 하시리로다." (하박국 3장 17~19절)

감사해야 할 이유

감사는 그리스도인의 일상을 지배해야 할 중요한 요소입니다. 우리의 신앙생활에 감사가 없다면 하나님과 우리의 관계는 의미가 없어집니다. 감사는 하나님에 대한 믿음과 깊은 신뢰의 표현이기 때문입니다. 성경은 우리에게 단호하게 감사를 명령합니다.

"범사에 감사하라. 이는 그리스도 예수 안에서 너희를 향하신 하나님의 뜻이니라." (데살로니가 전서 5장 18절)

감사 노트를 만들고, 매일의 감사를 써가는 생활, 손을 모으고 기도를 할 때마다 감사를 떠올리는 삶은 우리의 생명이 주님께로부터 온 것임을 인정하는 것입니다.

또한 감사는 우리의 마음에 겸손을 만들며 긍정적 시

각과 평화를 가져다줍니다. 덕분에 대인관계에도 긍정
적 영향을 미치게 되지요. 매일의 삶을 풍요롭게 만들어
주는 마음입니다.

바울이 디모데에게 전한 편지 중 한 편인 디모데전서
에는 감사에 관한 바울의 독백이 있습니다. 그는 자신의
회심에 관해 깊은 감사를 합니다.

"나를 능하게 하신 그리스도 예수 우리 주께 내가 감사함은
나를 충성되이 여겨 내게 직분을 맡기심이니 내가 전에는
비방자요, 박해자요, 폭행자였으나 도리어 긍휼을 입은
것은 내가 믿지 아니할 때 알지 못하고 행하였음이라. 우리
주의 은혜가 그리스도 예수 안에 있는 믿음과 사랑과 함께
넘치도록 풍성하였도다." (디모데전서 1장 12~14절)

라고 말합니다. 그러니까 우리가 하나님의 은혜를 알게
된 그 사실 만으로도 오직 감사뿐일 수 밖에 없다는 것
입니다.

구약의 인물 '다윗'은 평생토록 감사의 찬양을 끊지
않은 사람이었습니다. 시편의 수많은 구절은 다윗의 감
사로 넘칩니다. 그는 어린 목자일 때도 감사할 줄 알았

으며, 왕이 되기 전, 사울 왕에게 쫓기는 상황에도 감사를 드립니다. 권력을 가진 왕이 되어서도 늘 하나님께 감사하는 삶을 살았습니다. 그래서 다윗은 언제나 하나님의 사람일 수 있었습니다.

다윗의 대표적인 감사 시, 시편 138편을 끝으로 『교리 말고 문학』의 모든 이야기를 마무리하려고 합니다. 어떤 이들은 감사는 '최고의 영성 훈련'이라고 합니다. 또 어떤 이들은 감사는 '그리스도인의 의무'라고도 합니다. 무엇이라고 이름 붙이든 우리에게 감사는 하나님과 우리를 연결시키며, 하나님의 사랑을 돌아보는 일입니다. 하나님의 미소를 바라보며 날마다 해야 할 가장 좋은 사랑 고백입니다.

"내가 전심으로 주께 감사하며 신들 앞에서 주께 찬송하리이다. 내가 주의 성전을 향하여 예배하며 주의 인자하심과 성실하심으로 말미암아 주의 이름에 감사하오리니 이는 주께서 주의 말씀을 주의 모든 이름보다 높게 하셨음이라." (시편 138편)

Q 『빨간 머리 앤』은 어려움 속에서 감사하며 긍정적 삶의 태도를 갖게 하는 소설입니다. 지금 내 삶의 감사는 어떤 것이 있나요? 열 개를 적어 보세요.

Q 앤을 입양하기로 결정한 마릴라와 매슈는 미숙한 부모였습니다. 아이를 키우는 일을 한 번도 한 적이 없었기 때문입니다. 그럼에도 불구하고 그들의 결정이 훌륭했다고 칭찬할 수 있는 이유는 무엇일까요?

Q 『빨간 머리 앤』은 얼마 전 넷플릭스에서 영화로도 재화되어 인기를 끌었습니다. 시대를 초월하여 감동을 주는 이 작품의 매력은 무엇일까요?

Q 앤은 상상하기를 좋아합니다. 현실을 과장하거나 뒤집어 보는 상상을 하기도 하는데요. 이런 삶에 태도에 관해 어떻게 생각하나요? 현실 회피인가요, 현실 극복인가요?

Q 앤은 주일학교에서 성경을 배우고 사람의 마음이 원죄로 가득 채워져 있다는 말을 하기도 합니다. 기독교에서 말하는 '원죄'의 개념은 무엇인지, 또 이 죄의 문제가 어떻게 해결되었는지 조사해보세요. 전도사님이나 목사님께 물어보는 것도 좋겠습니다.

Q 앤은 타고난 긍정녀인 것 같기도 합니다. 긍정적 삶의 태도를 갖기 위해서는 어떤 훈련이 필요할까요?

『키다리 아저씨』 진 웹스터, 인디고

제루샤 애벗은 존 그리어 고아원에서 삽니다. 빨간 머리 앤처럼 외로운 아이였지만, 결코 쓰러지지 않는 씩씩한 아이였습니다. 고아원에서 독립해야 하는 나이가 되었을 때, 애벗에게는 익명의 후원자가 나타납니다. 한 달에 한 번 후원자에게 편지를 써야 한다는 조건으로 대학 진학을 후원해 주겠다고 하지요. 이름도 얼굴도 모르는 후원자에게 자신의 일상과 감사의 마음을 담은 편지를 쓰며 애벗은 팍팍한 대학 생활에 위로를 받습니다. 일상을 공유하는 편지에는 주디의 명랑함과 삶에 대한 긍정적 태도가 가득 들어있습니다.

생각하는 질문 만들기

주디의 입장에서 키다리 아저씨 저비스의 호의 중 어떤 선물은 부담스럽고 어떤 선물은 감사한지 생각하며 책을 읽어보세요. 타인과의 관계에서 감사의 보물을 만들어내는 방법을 이해할 수 있게 됩니다.

소명

하나님이 나를 만드실 때
울보가 될 눈물 한 스푼,
뭐든 열심히 할 열정 한 스푼,
사람과 인생, 책에 공감할 감성 한 스푼
그리고, 마지막으로
하나님의 아이들을 향한 사랑 열 스푼쯤?
그래서 다시 이 책.

도서출판 이비컴의 실용서 브랜드 **이비락**樂 은 더불어 사는 삶에 긍정의 변화를
줄 유익한 책을 만들기 위해 노력합니다.

원고 및 기획안 문의 : bookbee@naver.com